# ДАНА ОРМАНБАЕВА

# *Ты не ушибся, сынок?*

## КАК ЖИТЬ ДАЛЬШЕ, КОГДА ВЫРОСЛИ ДЕТИ...

## Орманбаева Д.  Ты не ушибся, сынок?

Когда вырастают наши дети и начинают самостоятельный путь, мироощущение многих родителей иногда меняется до неузнаваемости, до панических атак и дрожи.

Чтобы продолжать свою одну-единственную жизнь в меняющихся условиях, не погружаться в болезни, уныние и одиночество, необходимо освободиться от прежних установок и заблуждений, которые и есть те самые деактивирующие факторы в нашей судьбе. Это правило актуально для всех сфер жизни, и родительская роль – не исключение.

Известный казахстанский журналист, автор публицистических трудов Дана Орманбаева в своей новой книге «Ты не ушибся, сынок?» пишет о том, как жить дальше, когда выросли дети, делится с читателями важными инсайтами в исследовании философии гуманного родительства и ее теневых сторон.

Мы все хотим быть добрыми, мудрыми наставниками и незыблемой поддержкой своим детям. Все хотим, но не все можем.

И чтобы улучшить ситуацию, крайне важно вовремя признаться себе в своих незнаниях, ошибках и постараться непременно их исправить.

Это довольно болезненный процесс, но иногда, чтобы человек выжил, нужно сказать ему всё как есть, называя вещи своими именами.

Отрезвляющая пощечина правды способна принести душе больше пользы, чем убаюкивающие нашу совесть аффирмации и прочие новомодные позитивные установки, зачастую паразитирующие на иллюзиях.

ISBN 978-3-68959-002-4

© Орманбаева Д., 2024

© ISIA Media Verlag, 2024

Printed in Germany

# СОДЕРЖАНИЕ

# Здравствуйте, дорогие читатели!

**К**огда в 2012 году родилась моя первая книга «Откровение счастливого менеджера, или 20 лет к звездам», я вошла в состояние непроходящей эйфории и пребывала в ней довольно долго – по ощущениям я будто поднялась на Эверест!

Еще бы. Вокруг, словно сигналы всех маяков мира, раздавались восторг и похвалы. Я даже думать не смела, что слова и сообщения были неискренними. Просто тогда близкие мне люди в материал особенно не погружались, а выражали радость от самого факта, что книга вышла и что я «это сделала». Бо́льшего в тот момент и не надо было.

Потом наступил период, когда я жутко не хотела вникать в посторонние отклики, казалось, я зря мучаю своих читателей личными и совсем не удивительными историями.

Помню, одна из коллег, мастерски владеющая писательскими навыками, сказала по поводу моего публицистического дебюта: «Как бы выразиться помягче... Во всяком случае, ты это сделала, а я – нет».

Спустя годы, перечитывая какие-то фрагменты «Откровений...», я понимала, как же мне было сложно сдерживать эмоции! Я ведь тогда еще кормила грудью младшего сына Дилана, и во мне бурлили материнские химизмы, которые выражались на страницах книги буквально, через необузданный caps lock. Да и жесткой иронией я себя не щадила.

Сейчас же понимаю, что действовала правильно. Как говорит мой старший сын Бексултан: «Всегда надо что-то делать». Правильно, что захотела и рискнула, что без боязни вышла за привычные рамки журналов и газет, правильно, что осуществила дерзкую мечту, что была искренна, откровенна, не боялась критики и совсем не придерживала вожжи в чувствах.

«Когда есть кому читать ваши книги, пишите», – услышала я уже позже на лекции московского профессора Высшей школы экономики Сергея Ростиславовича Филоновича.

Десять лет назад я не представляла, что довольно решительно буду брать следующую и следующую высоту, что на свет появятся другие мои книги и самый масштабный замысел – #МЫНЕРУГАЕМДЕТЕЙ, ставший платформой для новых уникальных проектов, авторских тренингов, фасилитаций по дизайну жизни.

Признаюсь, каждый раз, с новой книгой, точнее с завершением творческой части, я зарекалась, что больше ничего писать не буду, было ощущение, будто выговорилась. По́лно. Но жизнь и разнообразие новых интересов и пониманий подтверждали, что всё же эта ипостась мне ближе всех других.

За несколько предыдущих месяцев этого года, с того момента, как в соцсетях я впервые обмолвилась о старте «Ты не ушибся, сынок?», пришло несколько сотен писем и личных сообщений с нескрываемым любопытством, с признанием об ожидании. На этот раз не остались в стороне даже самые близкие люди, которые в обычной жизни, как правило, не комментируют мою всепоглощающую страсть к исследованиям, экспериментам и неординарным выводам.

Стало очевидно – книгу ждут стар, млад, родной, чужой, скептик и почитатель.

Так я приступила к книге, которую вы держите сейчас в руках.

Зачем? Наиглавнейший вопрос, который задает себе любой создатель. Зачем? – спрашивает себя художник, режиссер кино, экспериментатор.

После триумфального шествия #МЫНЕРУГАЕМДЕТЕЙ по Казахстану я продолжила дальнейшее изучение философии гуманного родительства на основе дискуссий, опросов, авторских тренингов и социальных встреч. И с каждым разом всё больше понимала, что люди переживали новые эмоции собственной несостоятельности, они отчаянно признавались мне, что чувствуют себя не способными постичь это величайшее знание и понимание – любить своих детей свободными от них самих, от родителей.

Тогда я стала озвучивать исследовательские выводы в соцсетях, детальнее обсуждать их во время консультационных сессий, и всё это – вокруг идеи гуманного родительства. Я стала еще тоньше разъяснять людям, что дело не в механике: не ругать – вовсе не означает стать молчаливыми и безучастными.

Мое «предложение» заключалось вот в чем: чтобы в определенный момент подвергнуть комфортной сепарации не только детей, но и себя самих, нужна естественная, нормальная среда в длительном периоде. А это как раз всё то долгое время, когда дети растут. Это и место, где мы выражаем себя через добровольно выбранную когда-то роль: вначале даем потомкам жизнь, затем

– ту самую благостную среду для роста. На протяжении многих лет никогда не препятствуем их свободе выбора и непременно научаем, не проходим мимо незнаний.

Вот как выглядит настоящее гуманное родительство в моем представлении.

Да, для этого необходимо решительно отказаться от въевшегося в наше сознание понятия о неприкосновенности традиции пожизненного «слипания» поколений, также важно и необходимо оставить в прошлом все суждения о «возвращении долга матери», о «рае у ее ног».

Разве рай не может быть в обоюдно желанном объятии с любимыми родителями? Разве есть у по-настоящему любящей матери рвение всенепременно вернуть себе долги за бессонные ночи? Убеждена, что точно нет.

**Любящему сердцу ждать не приходится – к нему и так спешат. Любящее сердце не станет поучать, оно доверяет. Любящее сердце продолжает уже зрелое общение с выросшими детьми как с близкими людьми, как**

с родственными душами, без всяческих обязательств и дум о возращении долгов.

Для большей убедительности в своей новой книге я поделюсь личным и, на мой взгляд, мощным инсайтом о том, как очень вовремя мне выпало «бинго» понять и прочувствовать каждой клеткой тела всё то, о чем пишу. Поверьте, вас ждет большое откровение.

Случись эта личная победа десятилетием позже – весь труд и всё, во что я так искренне верю всю свою сознательную жизнь, превратилось бы в пепел.

Почему повзрослевшие дети заменяют нам кислород? Почему так уперто мы стремимся к клановости? Зачем потомкам воплощать наши несбывшиеся когда-то мечты? В связи с чем тот, кто вышел из нашего чрева, обязан и всю дорогу нам должен-должен-должен? Когда, скажите, потомки возымеют право получить от предков «открепительный талон»?

Почему человечество смирилось с идеей невозможности жить иначе и не верит в модель содружества поколений, с помощью которой можно легко, просто, но глобально изменить парадигму цивилизации?

В жизнеспособность этой модели я верю так сильно, что готова утверждать: именно она послужит сохранению планеты, возрождению катастрофически быстро исчезающих природных ресурсов, прекращению всех войн и мировых конфликтов.

По моему глубокому убеждению, это и есть тот самый «золотой ключ».

«Ты не ушибся, сынок?» – о нас с вами, дорогие мои, о главном смысле и всех сопутствующих смыслах нашего присутствия на земле, без всех зависимостей, что мы себе надумали. О нашей личной свободе, навыке любить искренне и о таланте дружить равновесно, о влиянии и победе над своим эго. **И о том, что наше «я» может быть полноценным и раскрытым только через нас самих, а не через потомков, потому**

**что быть родителем – это дар Божий и наилучший жизненный университет, но никак не преимущество, не господство и не единственный источник жизни и радости.**

Когда ваш оперившийся птенец вылетает из родного гнезда, пусть вас волнует лишь одна мысль – как проходит его полет. И не волнует другая – вернется ли он когда-нибудь обратно…

*Дана Орманбаева*

# ГЛАВА 1

## *Путь в тысячу ли*

Полагаю, многие читатели сегодня находятся в том чудесном возрасте, когда их дети начинают создавать свои семьи. И многие оказываются лицом к лицу с неизбежностью определенных, иногда весьма ощутимых перемен в жизни. В социальных науках это состояние часто называют «точками роста» и предупреждают, что пережить такие не для всех простые времена можно по двум сценариям — либо в стагнации прежнего образа мышления, так и не сделав нужные выводы, либо с выходом на новый уровень развития себя.

Любой «точке роста», что очень характерно для кризисных состояний, свойствен выбор — возможность отказаться от устоявшихся стереотипов и поведения, от привычных методов сотрудничать, трудиться, строить межличностные взаимоотношения. Чем меньше сопротивления всему новому, что входит в нашу жизнь с появлением новых членов семьи, тем грандиознее собственное преображение, которое ожидает нас в финале. **Всё, что от нас требуется в такие моменты, — вовремя разглядеть скрытый (и зачастую довольно глубоко) смысл болезненных вызовов. И это требует усилий.**

Мои давние читатели и подписчики знают, что весной 2018 года наш старший сын Бексултан создал семью с прекрасной девушкой. Мы с Айганым очень тепло приняли друг друга с первой встречи, и наша дружба сразу стала естественным состоянием. В нашей большой семье любят ее всем сердцем.

Возможно, на восторженное восприятие судьбоносной новости повлияли и моя профессия, и относительно молодой для роли свекрови возраст, и личное женское счастье, и, конечно, принципы союзничества и доверия.

Про отношения свекрови и невестки у разных народов мира существует невероятное множество мифов, афоризмов, притч, пословиц, и все они сводятся к единой сути – новая женщина в семье приносит с собой либо благодать и богатство, либо несчастье и беды.

Впрочем, то же самое, на мой взгляд, можно сказать и про мужчин, которые в современном мире становятся частью другой семьи. И путь этот в традиционных и местами даже косных культурах полон препон и препятствий – «принимающая» сторона изначально даже не рассматривает хотя бы малую вероятность сближения. При таких исходных условиях несложно просчитать индекс доверия.

Жизненный опыт подсказывает, что у большинства матерей (иногда по понятным причинам, но чаще – по совершенно необъяснимым) словно заложен первобытный страх потери связи с сыном из-за появления в его жизни женщины судьбы. И какими бы умницами, красавицами, девушками тысячи достоинств ни были избранницы их драгоценных сыновей, свекрови воспринимают невесток в штыки уже на пороге дома.

Я же не удивлю вас историями, когда мужчине далеко за 30, в семье уже подрастают дети, а открытое и часто ожесточенное противостояние его мамы и его жены продолжается. Зачем, кому, для чего это нужно – непонятно. Такие женщины будто рожают не сыновей, а буквально мужчин для своей любви, которых они собираются обожать до последнего вздоха, пока смерть не разлучит их. И в ответ такие мамы ждут любви, коленопреклонения и безраздельного внимания сыновей.

Помню, как одна знакомая, родив первого ребенка в довольно зрелом возрасте, якобы в шутку приговаривала, и каждый раз с особым сарказмом: «Я ее уже ненавижу…», имея в виду будущую любовь своего единственного сына. Правда, это было давно, но в мою память врезалось сильно. И ведь подобное лишь на йоту шутка, а во всём остальном – правда жизни, которая во многих семьях давно превратилась в родовую программу и осталась в энергетическом поле как установка для потомков, мол, пользуйтесь, чтобы «вам никогда так и не полюбить друг друга».

Слава Богу, в моей голове подобных мыслей не было никогда, но и это не уберегло меня от серьезного раскола с сыном, последствия которого повлекли за собой мощные, глубокие и эмоционально протекающие трансформации в моем сознании на пути родителя, женщины, личности.

Допускаю, что это — беспрецедентный инсайт, и он станет тем самым исключительным знанием, которого вам не хватает для восстановления счастливого маневрирования в вашей системе координат и для здоровья головы. И, возможно, я родилась только для того, чтобы вам об этом сказать…

Через два года после свадьбы в молодой семье родился наш долгожданный, прелестный, невозможно сладкий, любознательный А́дам. Предполагаю, что с появлением на свет малыша я для Айганым, причем совершенно непредсказуемо на фоне моих гуманных ценностей, бизнесо́вости и ультрадемократичных взглядов на жизнь, вдруг стала или слишком «казахской», или слишком «взрослой» мамой: делай так, а так не делай, кушай хорошо, еще покушай (говорила я вполне толковой девушке), пей чай с молоком, корми, корми, корми грудью, держи ноги в тепле, заплети косу, застелите полы коврами – чтобы ребенок при падении не травмировался. В общем, я стала нудеть, что доселе было мне несвойственно, стала не научать, а поучать, раздавая ежедневные «советы» без запроса.

Меня действительно на тот момент волновали только эти вещи и, вероятно, уже в совершенно другой парадигме, ведь за детей своих детей возникает необъяснимая степень ответственности, и масштаб ее необъятен. Всё – по-другому! Внуки – это отнюдь не игрушки и услада, как принято считать, это единственный в своем роде шанс успеть передать те самые уникальные родовые программы. Таким было мое понимание вещей в периоде, нормальное проявление роста и зрелости, как мне казалось. Я как бы смотрела чуть дальше.

Однако при всем дружелюбии кто выдержит такой неожиданный напор регулярных рекомендаций в недовольном натянутом тоне? Не я ли в предыдущей книге и на сопутствующих тренингах об искусстве быть родителем с неменьшим занудством призывала вас помнить, что всегда будет что-то, чего наши дети не знали до этих пор, и нужно будет каждый раз передавать им без одолжения и недовольства новое и новое знание? Еще акцентировала внимание, что в этом и заключается «занудство и монотонность» философии «мы не ругаем детей». И что если и есть побочные эффекты у метода, то они заключены как раз в этой самой «сложности» такой модели общения: **дети, которых не ругают, никогда не боятся признаться в незнании и в том, что им что-то не нравится, они не боятся задавать много вопросов и всегда (!) рассчитывают на полноценные дружелюбные ответы.**

Учитывая цельность и зрелость Бексултана, ту самую среду, в которой он рос, его ответственность уже в новой роли мужа и отца, столкновение было неизбежно. Каждое мое слово, несмотря на честность, искренность и естественное желание не допустить молодыми родителями ошибок в уходе за малышом, в один вечер было встречено не просто неодобрительно, а с неожиданными комментариями.

Впервые в жизни я услышала от сына в свой адрес откровенно прямые формулировки: «Мама, почему нужно сделать так, как ты сказала? Мы тоже уже что-то знаем и умеем...»

Это сейчас, спустя время, я понимаю: вопрос сына резонный, но тогда он показался мне очень обидным. Очень. Будто струна внутри оборвалась.

Меня не задела интонация, тем более Бекс всегда разговаривает очень спокойно, без раздражения и резких нот. Меня сразило наповал само отсутствие потребности в моих словах, опыте и рекомендациях, словно это всё вмиг превратилось в пепел, перестало быть нужным.

В голове звенело ядовитое тщеславие: «Миллион людей хотели бы быть на вашем месте и внимать всему, что я скажу».

В мое сердце будто залетела льдинка сама́й Снежной королевы…

Я замолчала и ушла. И с извинениями вслед за мной никто не побежал. Ни в тот момент, ни на следующий день, ни через неделю.

Наступило время мрака. Полгода я жила в молчаливом состоянии. Не вносила смуту в жизнь мужа и младших детей. В часы, когда мы были вместе, я очень старалась не подавать вида, но стоило мне остаться одной, как я тут же начинала тихо выть.

180 дней я страдала физически и упорно не видела истины в ситуации, культивируя, пестуя свое возмущение.

**Боль от потери общения с сыном и его семьей была такой острой, что я не могла обсуждать свои ощущения даже с самыми близкими. В любую секунду, когда меня настигала**

**вспышка воспоминания о нашей интеллигент-
ной ссоре, тут же накатывались слезы, сдер-
жать которые было сложно. Я плакала так,
словно случилось горе. Будто умерла моя па-
ства.**

Мысли, мысли, мысли...

«Ведь я так много сделала для сына! А он...
Как он мог? Как мог не внять моим священным
словам!» – крутилось в моей голове столько мучительных дней.

Размышляя о материнской доле, я не раз
вспоминала древнюю легенду о сердце матери.
Есть несколько разных версий и в прозе, и в сти-
хах, иногда ее называют притчей о двух курганах.
Вы, полагаю, тоже ее знаете.

У одной женщины был единственный сын,
и он полюбил девушку невиданной красоты,
а вот сердце ее было недобрым. Гордая, надмен-
ная и жестокая, в доказательство своей любви
она попросила парня принести сердце матери.
Не раздумывая, несчастный бросился домой,

убил мать и с трепещущим в руках сердцем побежал назад, да споткнулся, упал и выронил из рук свою ношу в придорожную пыль. И тут услышал: «Ты не ушибся, сынок?» С ним говорило сердце матери.

Зарыдал сын, понял, что никто никогда не любил его так преданно и бескорыстно, как родная мать. Вернулся обратно и вложил сердце в растерзанную грудь, облил горячими слезами. И такой огромной и неисчерпаемой была материнская любовь, столь глубоким и всесильным было желание материнского сердца видеть сына радостным и беззаботным, что закрылась растерзанная рана, встала мать и обняла сына. Не захотел сын возвращаться к своей красавице, не осталась дома и мать. Пошли они вдвоем в степь и стали двумя курганами, вершины которых каждое утро озаряет своими первыми лучами восходящее солнце.

О чем эта легенда, на ваш взгляд? О безусловной вселенской любви матери к сыну или о слепой любви, когда кто-то позволяет кому-то, пусть и очень близкому, родному и дорогому, делать со своей жизнью всё распущенное? А что если эта история на самом деле учит нас непреложной обоюдной ответственности сторон в любой жизненной ситуации?

Все мы в притче еще со школьной скамьи сочувствуем матери – какой у нее жестокий сын (может, и не случайно он полюбил бессердечную красавицу, ведь подобное всегда притягивает подобное?). **Но если сын вырывает сердце из груди той, которая его выносила, родила, выкормила и вырастила, значит, она позволила ему это сделать, вовремя не рассказав потомку о вечных добродетелях, значит, не закрепила в его уме важность жить по закону Божьему.**

…Никто не может быть унижен без его на то согласия. Получается, мать в этом случае – не жертва драмы, а ее источник? Тогда это в корне меняет дело.

У Максима Горького, кстати, в «Сказках об Италии» есть совершенно противоположная версия материнского сердца. Помните,

«О Матерях можно рассказывать бесконечно…»? Один прекрасный город был взят в осаду, а во главе людей, его разрушавших, был сын монны Марианны, «веселый и безжалостный красавец; еще недавно она смотрела на него с гордостью, как на драгоценный свой подарок родине, как на добрую силу, рожденную ею в помощь людям города-гнезда, где она родилась сама, родила и выкормила его». История заканчивается тем, что мать принимает тяжелое решение – я тебя породила, я тебя и убью, раз ты не можешь приносить пользу людям.

«И, сбросив тело его с колен своих к ногам изумленной стражи, она сказала в сторону города:

– Человек – я сделала для родины всё, что могла; Мать – я остаюсь со своим сыном! Мне уже поздно родить другого, жизнь моя никому не нужна.

И тот же нож, еще теплый от крови его – ее крови, – она твердой рукою вонзила в свою грудь и тоже верно попала в сердце, – если оно болит, в него легко попасть».

Понятно, что это крайний вариант ответственности за то, какими выросли наши дети, утрированный воображением писателя, но и в нем есть рациональное зерно. Беспристрастность – хорошее качество для объективной оценки чего бы то ни было, говорящее об отсутствии в системе жизненных ценностей губительных двойных стандартов. И иногда очень полезно применить беспристрастный анализ именно своих собственных действий. Дальше вы поймете, почему я привела в пример эту историю.

За полгода мучительных дум я вспомнила каждый поворот головы в сторону старшего сына, и как в девяностых, когда совсем-совсем не было возможностей, купила ему первый компьютер в рассрочку, и как копила на летнюю школу в Англии, и пошло-поехало. Список того, что мы делаем для своих детей, «превозмогая» собственные силы, может быть бесконечным.

Но, друзья, наша привычная родительская забота о детях, решение каждодневных вопросов, всяческие покупки и подарки, начиная от игрушек и тетрадок, заканчивая дорогими вещами, – всё это не в счет, и не более чем лукавство, дающее нам вполне объяснимое, даже гормональное наслаждение – ах, какие же мы молодцы! Это подарили, это купили, это дали и вот это тоже организовали, а здесь вообще вылезли из кожи вон!

**Но не это ли основная родительская обязанность – накормить, обеспечить предметами первой необходимости, научить, показать, поддержать в воплощении, не ставя на вид? А наряду с этим еще и разъяснить детям понимание о материальном как о базовой ценности, а не о целях и главнейших важностях жизни?**

Самое удивительное, что за такое долгое время моих грустных размышлений не происходило никакой эволюции. Абсолютная стагнация. Полный ноль. Часы монотонно тикали. Ни один близкий мне человек не мог подобрать слов, чтобы убедить сменить гнев на милость – я была готова еще безжалостнее селектировать свое ближайшее окружение, лишь бы люди не говорили мне ни слова про необходимость первого шага с моей стороны.

И вот что еще очень важно подметить.

В такие острые моменты жизни сторонам – участникам конфликта – нужно уметь не просто отделять эмоцию от информации, а понимать природу реакции. Природу своей реакции я объясняла собственным драматическим опытом. Эта тема сильно болезненна, ведь много лет я – мама недужного ребенка. Мой второй сын Исламбек никогда не будет здоров в традиционном понимании этого слова. И с этим ничего нельзя сделать. Я – его мать. Он – мой сын. Да, сейчас, 26 лет спустя, намного легче всё – уход, логистика, социализация и тоже сепарация. Но ад, через который мы с ним прошли вместе, я из памяти вычеркнуть не могу. Исламбек, конечно, не помнит ни одного дня, не знает. Я помню каждую минуту. И никакие, даже самые сильные или правильно подобранные слова в мире не смогут никому объяснить этот мой вечно пульсирующий оголенный нерв.

Вот почему меня так шокировала реакция сына на те мои ворчания (мольбы по особо внимательному выхаживанию дитя) – ведь именно Бексултан был рядом, и он всегда участвовал в жизни всех своих младших: братишки, сестренки и особенного Исламбека, он видел и знает больше многих.

Я была уверена все эти месяцы, что сын вспомнит о том, что особенный не только его братишка, но, наверное, и мама по причине многолетнего триггера чересчур сенситивна в любом детском вопросе и неосознанно утрирует все происходящее.

«Тогда почему сын не понял и не распознал мою настойчивость в позитивном ключе?» – не успокаивалась я.

Справедливости ради надо признать, что и я выпустила из виду природу реагирований Бекса и что «упрощай», то есть «не усложняй» – его главный принцип жизни.

За всё, чем сегодня обладают или не обладают наши дети, мы разделяем с ними ответственность. И если включить беспристрастность, то надо признать, что действие Бексултана было точной копией моих принципов, и это я с раннего детства прививала ему и всем нашим детям свойство верности своим убеждениям, умение отстаивать правду и уж точно не притворяться.

Сегодня в наши окна светит солнце. Сегодня я наслаждаюсь тем, какой Бекс хороший отец, чуткий, непритворно погруженный и отлично понимающий потребности своего ребенка. До сих пор не знаю, как благодарить Вселенную за то, что случилось спустя шесть месяцев затяжного молчания. А случилось вот что.

Одним майским утром я проснулась с какой-то особой ясностью, озарением, словно в моей голове вспыхнуло: «Эврика!» Абсолютно понимая, как действовать, я тут же к Дауту: любимый, давай, мол, завтра в полночь мы все пойдем к детям с подарками, шампанским, цветами и шарами поздравить Áдама с его первым днем рождения! Я не сомневалась, что это — железный, добрый и такой верный повод протянуть руку — в надежде, что и ко мне навстречу протянется рука. И сделать это не ради банального «мир-дружба-жвачка», а ради новых уровней и состояний наших отношений.

Даут меня, конечно, безоговорочно поддержал со словами: «Отличная идея!» А про себя, наверное, выдохнул. О его переживаниях за нас с Бексом, поступках и суждениях можно написать отдельную книгу. Сердца Даута в те дни хватило на всех.

А еще один наивысший космос ситуации заключался в том, что мама Айганым в это время молилась, чтобы мы не упустили шанс и пришли поздравить внука, чтобы в нашей большой семье снова воцарились прежний мир, любовь и привычное понимание. И моя любимая Вселенная услышала, вложив молитву одной матери в сердце другой в виде космического сигнала.

Кольнуло в моем сердце. Льдинка выпала и растаяла.

Меня, наконец, осенило: наши родительские назидания только на первый взгляд несут в себе добрый посыл сделать жизнь собственных детей проще, легче и интереснее. Да, мы действительно заинтересованная в этом сторона, но на самом деле, рекомендуя, а иногда и откровенно настаивая, не оставляя выбора о том, как надо жить/дружить/любить/работать/есть/спать/выбирать, мы порой бессознательно, а иногда и нарочито возвеличиваем себя, свою роль, свою значимость в судьбе своих детей. Мы хотим во что бы то ни стало сохранить эту связь/зависимость/скрепы, будто это наш единственный эликсир бессмертия.

За то, что мы им даем — знания, эмоции, информацию, переданный вовремя бесценный опыт, свое душевное тепло, набившую оскомину поддержку, — мы настойчиво ожидаем как минимум почитания, уважения, ритуальных танцев, как максимум — конкретной награды в виде неуклонного следования нашим советам, послушания и благодарности, благодарности, благодарности.

Но, как оказалось, это есть величайшее заблуждение.

В ту праздничную ночь мы разговаривали долго. В глазах сына отражалось понимание каждого моего и слова, и молчания, а по его взгляду я считывала изумление: «Мам, это правда ты? Я не сплю?»

С тех пор его «люблю» в мой адрес наполнилось абсолютным соответствием с его истинным ощущением принятия. Принятием меня. Потому что я поняла и безоговорочно приняла его право на самостоятельность, на свое миропонимание, на личную растущую самость – уже без моего участия.

Каждый день нашего последующего сближения снова и снова утверждал меня в мысли – факт гуманного материнства не может давать мне право на пожизненную квоту, проявляться столь хаотично и регулироваться лишь моими импульсами.

И вот они с женой и сыном сами. Как могут. Как знают. Где не знают – спросят, если захотят. Ошибутся – исправят, но сами.

И никаких назойливых встреч за ужинами и обедами. Не потому, что сын завоевал это право, а потому, что был честен с самим собой, а мой разум и мое сердце освободились от делюзий.

Теперь все воскресные бранчи происходят, как и прежде, но уже точно по обоюдному желанию, договоренности и с неподдельной жаждой встречи обеих сторон. Мы не только ждем выходных, но и смакуем каждую минуту общения, просим время не торопиться.

Раньше я искренне не понимала, в чем сложность откликнуться на стихийную просьбу мамы забрать младших детей из школы, к примеру, когда не успевали наши помощники. А сложность в том, что человек занят своим делом и ему крайне неудобно срываться с места, переворачивая свои планы, нарушая привычное течение жизни, только потому, что он старший из сыновей.

Несомненно, участвовать в заботе о близких никому еще не навредило, но одно дело забирать братика и сестренку в определенные дни по заранее согласованному графику и договоренности. Другое – все эти внезапные вторжения, которые деловые взрослые пытаются впихнуть в нормы/традиции/культурные коды, внося хаос в жизнь, не давая шанса на полноценное право старшим детям распоряжаться своей.

И вместо того чтобы заламывать руки, стенать, жаловаться другим и копаться в себе на предмет, что же мы упустили и чего недодали своим детям, раз они у нас такие «черствые», «непреклонные» и «чересчур самостоятельные», так отчаянно защищающие свои планы и свои права на эти планы, давайте просто включим мозги. И подумаем. Даже если у ваших детей пока еще нет своей семьи, у них точно есть собственная жизнь, амбиции, обязательства, данные кому-то на этот момент времени обещания, увлечения, страсти, вкусы, желания и мечты. Им, как и вам, тоже может что-то не нравиться. Этого вполне достаточно, чтобы вы отстали от них и продолжили заниматься своими делами.

Когда мы придем к реальному пониманию, что в перманентном стрессе от родительских заданий, поручений, ожиданий, срочных просьб/приказов очень непросто жить даже молодому организму, что это нездоровые, разрушительные тенденции, тогда мы начнем трансформировать наши отношения в действительно союзнические, партнерские, когда никого никуда не надо звать и тем более тащить по принуждению на аркане семейных традиций. Сами позвонят, сами предложат варианты, сами захотят встречи. Поверьте.

**Взрослые дети не могут быть нашими механическими помощниками по хозяйству в нескончаемой круговерти семейной системы. Они могут быть наилучшими источниками наших новых жизненных циклов, в которых займут место партнеров, друзей и самых четких современных ориентиров в дальнейшем пути.**

Это нужно четко усвоить.

Лично я испытываю сегодня неземную радость, когда получаю сообщения типа «Мам, мне нужно принять решение, как ты думаешь?..» или «Мамуль, люблю. Хорошего дня».

Если вдруг мне захотелось что-то срочно обсудить, а в ответ сын написал мне: «Мы уже засыпаем», я воспринимаю это именно как «люди уже спят», без подоплеки, что «сын не сечет поляну, мог бы и уделить маме 10 минут».

Для меня нынче это и есть мегакрутые отношения, нормальные до такой степени, что их не хочется обсуждать. Нет надобности. Это тот самый редчайший случай, когда результат затяжного конфликта превзошел все ожидания и классические прогнозы, разделив жизнь на «до» и «после». Даже если «до» – это двадцать семь лет, а после – всего лишь год. Но этот период новой жизни на совершенно фантастическом уровне стóит всех предыдущих.

Произошло абсолютное совпадение моего осознания участия в судьбе детей и самых смелых вызовов сына. И по сей день я радуюсь как дитя своей личной победе над самой собой и не улыбаюсь я нынче только во сне.

Да, вот еще один важный момент. В моей жизни совсем мало людей, встречу с которыми я воспринимаю как проявление благосклонности судьбы или Божью награду.

В своих предыдущих книгах я рассказывала, что такой волшебник – мой муж Даут, а теперь признаю́сь, что и Айганым – добрая волшебница, которой я благодарна за их нормальную семью с нашим сыном, земную, честную и очень понятную. Ребята действительно союзники, две равновесные величины, и в этом их мощная сила.

И оба они такие добрые...

Как бы это ни казалось странным, больше всего в те грустные для меня дни я скучала по Айганым. Я никак не хотела, да и не могла потерять такого друга. Ведь волшебники не приходят дважды!

Именно Айганым распознала мое ядро и полюбила нашу семью всем сердцем! Отчаяние от вероятности больше не видеть девочку с тонкой чуткостью, с которой она ко мне относилась, пробивало меня буквально до мозга костей, до самой крошечной клетки тела. Эта мысль пульсировала в мозгу ежедневно и не давала покоя. И от этого боль моя была еще острее. Я стегала себя «розгами» и изгоняла гордыню разными способами, пока не вымела ее из своей души до пылинки.

Иногда мне кажется, что этот момент я почувствовала на физическом уровне, и когда произошло высвобождение, мне стало очень светло. Такое, знаете, состояние новорожденного и даже катарсис.

Мое полное обнуление, «переключение» и последующая трансформация произошли в тот период, когда Бекс только начинает свою взрослую, самостоятельную жизнь, когда еще никто не наломал дров, что уже невозможно ничего исправить, и ничто не надорвало в его душе живые струны. В этом смысле Бексултану улыбнулась удача в благодарность за его зрелость и дух. Все другие наши дети тоже обрели свободную от чар маму, которой им не придется возводить памятники за ее «неругание и понимание», где она уже ничего не будет ждать взамен.

А в благодарность нам, родителям, наши дети уже будут любить своих детей, не ругая и понимая их.

Вот такая алгоритмика. И вот так я сошла со своей колокольни и взошла на колокольню детей, освободив их от оков родительского всезнания. Теперь с уверенностью могу сказать, что хорошо поработала над своей самой главной ошибкой, которую уже точно не допущу снова.

Я стала нормальной мамой.

И, выпуская птенцов из гнезда, продолжаю жить свою жизнь.


Одна древняя восточная мудрость гласит: «Путь в тысячу ли начинается с маленького шага». В случае если родители – мы, наш жизненный опыт по умолчанию выглядит более убедительно, значит, именно нам предстоит сделать этот первый маленький, но жизненно важный шаг навстречу. Ведь наши дети в любом своем возрасте всегда будут чего-то не знать из того, что уже знаем мы.

К тому же высока вероятность, что в этот самый момент они нас очень ждут на другой стороне дороги с ответным добрым словом.

# ГЛАВА 2
## *Кролик и удав*

$\mathcal{B}$ одном из откровенных разговоров, которые последовали за нашим с сыном примирением, Бексултан сказал мне замечательную вещь: «Мам, если я не буду сопротивляться, слепо следуя всем твоим замечаниям, предложениям, идеям и комментариям, я стану твоим кроликом, а ты — моим удавом. У меня ведь теперь своя семья, свой график и своя жизнь, а в ней — свои правила».

И я задумалась. Действительно, предлагая свою «помощь», причем не важно, как она выглядит — спонтанное приглашение на легкий ужин в середине недели, предложение самой заехать в гости и поиграть с малышом или желание провести вместе время воскресного обеда, мы не всегда отдаем себе отчет, а чем в этот момент заняты наши взрослые дети, у которых действительно могут быть свои дела. Почему только наши идеи должны на протяжении всей жизни оставаться в приоритете?

Неудивительно, что часто это вызывает откровенное сопротивление. Признайтесь, когда вы получаете в ответ на ваше самое искреннее сообщение сухое «я занят», ваше сердце сжимается, но вы упорно делаете вид, что все в порядке? Если так, значит, процесс вашей с ребенком сепарации пока еще наполнен ожиданиями.

А ведь сопротивление – это не обязательно битва, ссора или отрицательные эмоции, ведущие к обидам. Вовсе нет. Это прежде всего слово, обратная связь. Смелая. Обоснованная. Это вполне себе хорошее настроение с мягкими интонациями. И, конечно, добрый юмор, ирония, когда действительно мило и смешно, а вовсе не обидно.

На своих тренингах с родителями, а теперь уже и с подростками, и с молодыми startup-ерами я не случайно из раза в раз уделяю серьезное внимание этим коммуникационным нюансам. Со взрослыми тоже можно дружить, не теряя при этом своего лица, не растворяя своего мнения.

**Вы научали этому своих детей? Объясняли, что задача каждого последующего поколения – быть свободнее, совершеннее, чем предыдущее? Убедили, что дети тоже вносят свой личный вклад в сохранение и развитие семейных ценностей и ваших с ними отношений?**

Долгое время в нашем обществе было принято считать, что возникающие между поколениями конфликты извечны и закономерны, и в ответе за них чаще всего родители. Как минимум это логично и понятно, особенно учитывая тот факт, что каждый день наши дети, причем в любом возрасте, чему-то учатся и растут, реализуя свое, данное природой право многого не уметь и не знать на момент возникшей ситуации. К примеру, не уметь гладить себе одежду или готовить еду, не знать, что для отличного времяпрепровождения на батуте нужны носки (без них не пустят), а калорийная еда может спровоцировать повышение веса.

Осознайте этот факт, пожалуйста, прямо сейчас. Каждый день повзрослевшие наши дети могут чего-то не знать, и они учатся и учатся, растут, познают, и эти новые знания постоянно меняют их картину мира.

Все дети совершают ошибки. Как и мы. Возможно, вы удивитесь, насколько наша жизненная мудрость способна почти мгновенно снизить градус раздражения на потомков, которые, по нашему мнению, вечно делают что-то не так. Но ведь статус детей как раз таки позволяет им чего-то не знать (знать обо всем на свете не дано даже академикам).

На всех этапах взросления всегда будет что-то, о чем наши дети еще могут не ведать. (Заметили? Эта мысль пронизывает книгу).

Однажды моя подруга, живущая этажом выше старшего сына, угостила его свежеприготовленным салатом «Оливье» из настоящего крабового мяса. Это было необыкновенно вкусно! На следующий день Бекс позвонил мне, чтобы уточнить номер квартиры приятельницы, я автоматически его назвала и в ту же секунду до меня дошло, для чего вопрос. Я тут же говорю: «Вы хотели вернуть салатницу? А у вас есть что-то из угощений, чем можно наполнить посуду?» У моих детей не оказалось подходящего съестного, чтобы наполнить емкость. Я предложила передать из нашего дома только что испеченные пирожки, оперативно организовала их доставку сыну, и он вернул салатницу, полную домашней выпечки.

Подруга написала мне доброе и благодарное сообщение, в котором похвалила старших детей за мудрость и уважение к традициям. Я улыбнулась про себя и, конечно, легко отнеслась к факту, что Бекс и Айкоша могли не знать о таком, казалось бы, популярном и простом этикете. Возможно, когда старшие дети были маленькими, и я вот так угощала соседей, Бекс мог не видеть моих действий, соответственно, они не остались в памяти и не закрепились как норма поведения. Это я к тому, что даже взрослые дети могут чего-то не знать. И чем спешить их в этом упрекнуть, лучше выручить и дать научение – пусть получат опыт в подходящий момент.

Впрочем, сегодня не стоит сбрасывать со счетов и тот факт, что абсолютно новая культура потребления в новых жизненных реалиях накладывает свою часть ответственности за собственное поведение, принятые решения и на потомков. Именно поэтому так важно научать их делать выбор, начиная с самого раннего детства и самых простых вопросов – что поесть, что надеть, что почитать, во что поиграть, куда пойти погулять. Именно поэтому так важно разъяснять, что отстаивать свою точку зрения всенепременно нужно – ведь родителю в его ежедневной мирской суете может быть совсем не очевиден смысл детского поведения. И этот смысл необходимо донести, объяснить. О простых вещах всегда лучше говорить по ходу жизни.

**Этому нужно научать – методично, пусть даже занудно, каждый день, понимая, что мы таким образом работаем общей командой во имя понимания друг друга в будущем отрезке времени, когда условия нашей жизни изменятся снова.** А обстоятельства изменятся точно, и, если верить прогнозам футурологов, это произойдет уже в ближайшие 20 лет.

Некоторые ученые высказывают предположение, что в эти два десятка лет перемен на планете будет больше, чем за предыдущий век. По понятным причинам они коснутся в основном технологий, и семья, как живое сообщество и безопасное для выживания и развития человека офлайн-пространство, не сможет остаться в стороне этих интенсивных перемен. Полагаю, на фоне активно развивающейся в нашей жизни виртуальной реальности, о чем говорят многие исследователи тенденций и трендов будущего, произойдет очередная переоценка смысла и предназначения семьи, ее высшей ценности в стремительном потоке информационно-технологических изменений. Мы должны быть готовы к тому, что трансформации вокруг неизменно повлияют на трансформации внутри.

Все эти размышления привели меня к пониманию, что климат в семье, ее здоровая атмосфера и уровень взаимопонимания напрямую зависят от такой первостепенной ценности человеческого сообщества, как почтение – ценности, существующей без срока годности, гендерной принадлежности и прочих условий.

Почтение, почитание, почет – слова одного порядка, означающие, согласно многим словарям, глубокое уважение к кому-то или чему-то и в социологии часто основанные на признании или восхищении чьими-либо достоинствами.

В основе многих великих идеологий, например масштаба конфуцианства, почтительность к родителям и уважительность к старшим братьям наравне с человеколюбием и взаимностью составляют единственно «правильный путь» всех тех, кто желает жить счастливо, то есть в согласии с самим собой, с другими людьми и Небом.

Хрестоматийно почтение к родителям проявляется через слово, послушание, помощь и заботу, подарки, время, проведенное вместе. Убеждена, что почтение, как и любовь, и внимание, и любое другое теплое чувство, непременно может быть только взаимным. **И если дети, согласно важнейшим принципам всех святых** книг в истории человеческой цивилизации, обязаны почитать своих родителей, то и родители, согласно закону баланса и принципу равноценности, обязаны почитать своих детей.

Почтение так же фундаментально, как и безусловная любовь. В связи с этим мне вспоминается старинное ингушское сказание, в котором старик, его сын и внук пошли на покос. День был жаркий, солнце палило нещадно. Мальчик был без шапки, и чтобы солнце не напекло ему голову, отец отдал ему свою шапку, а сам остался с непокрытой головой. Старик увидел, что теперь его сын без шапки, и отдал ему свою.

Впрочем, реальная жизнь тоже предоставляет нам практически ежедневно разного рода проверки на глубинное понимание жизни и желание работать над собой, совершенствоваться, превозмогая усталость от рутины. Уверена, вы без труда сможете вспомнить десяток-другой живых примеров.

Однажды моя хорошая знакомая рассказала весьма поучительную историю. Как-то после деловой встречи мы остались у нас в офисе выпить кофе, разговорились на отвлеченные темы, и она призналась, что недавно с ней произошел случай, после которого она перестала кричать на своих детей.

По ее словам, кричала она нечасто, но гневно настолько, что дети буквально бледнели от страха, а младший всегда начинал реветь во весь голос, словно заглушая крик матери. Иногда после такого «воспитательного сеанса» братья, с разницей в возрасте пять лет, мгновенно засыпали — видимо, так их организм спасался от стресса.

Причем понятно, что поводы для этого аудиального абьюза (адресный крик – тоже насилие) всегда были пустяковые – пролитое молоко, разбросанные перед сном игрушки, крошки хлеба на полу перед телевизором, оторванная подошва кроссовок после прогулки, братская потасовка за право первым войти в лифт. Но именно эти типичные детские оплошности раздражали женщину до такой степени, что она не могла справиться с гневом.

В нашем диалоге мы невольно выяснили, что причиной потери самообладания стала рутина жизни, перегруженность обязанностями с этими бесконечными списками дел – как домашними, так и профессиональными. Ее вечный «синдром отличницы» и одержимое стремление к совершенству тоже вносили свою лепту.

И вот однажды ранним воскресным утром ее старший сын, семилетний мальчишка, стоя на табуретке и выполняя мамину просьбу, пытался достать с полки банку с манной крупой для каши. В момент, когда банка летела на пол, теряя неплотно закрученную крышку, и миллионы крупинок, словно белый песок, рассеивались вокруг ребенка, мама увидела в детских глазах застывший ужас и слезы. Доли секунды не прошло, а мальчик психологически уже был готов к «наказанию».

От происходящего маме стало плохо физически. Знаете, как это бывает, когда сжимается сердце, когда осознание чего-либо проходит через все тело острой болью, похожей на электрический разряд. В этот момент она почувствовала жуткий стыд за то, какой является матерью для своих детей. И первое, что сделала моя знакомая, — она улыбнулась и поспешила помочь ребенку слезть со стула, и уже вместе они собрали рассыпанную крупу. Из уст мамы не прозвучало ни упрека, ни расстройства, ни нотации.

Спустя буквально месяц в этой семье произошло еще одно происшествие. Бытовое, но весьма показательное. На глазах у детей. У мамы порвался пакет с мусором, и все содержимое оказалось на только что вымытом до блеска полу. Дети вмиг помогли с уборкой без слов и без насмешек над неуклюжей мамой.

И я почему-то уверена, что вряд ли их отклик был бы таким же чутким, продолжай мама кричать на мальчиков по поводу и без.

Крик отдаляет людей друг от друга и разрывает связи между людьми так же, как и отсутствие поддержки, непонимание, предательство.

И потом, чуткие родители всегда помнят о том, что личный пример сильнее любых слов. Мама вовремя остановилась, пересмотрела свои принципы и показала своим детям, что мир и спокойствие в отношениях улучшают понимание друг друга, повышают взаимное почтение, сближают.

Ведь почтение – это высвобождение обеих сторон от состояния жертвы, когда никто не кролик и никто не удав. Почтение – это всегда про любовь и про право на собственные решения. И право, принадлежащее ребенку, не может находиться пожизненно в наших родительских руках. Давайте оставим своих детей в покое! Давайте допустим мысль, что дети иногда думают и поступают мудрее родителей, просто нужно позволить этому проявиться.

Да, и давайте мы всегда будем помнить, что отношение родителей к ребенку прямо влияет на последующее отношение ребенка к себе самому и, согласно закону цепной реакции, ко всем, кто останется после него. После нас. Потому что в своем почтении друг к другу мы очень взаимосвязаны, а наши энергетические структуры и вибрации тел даже взаимозависимы.

Почитая ребенка, мы проявляем уважение к себе, ведь дети являются буквально нашим творением, они и есть наша природа, одна клетка.

# ГЛАВА 3
## *Кто кому должен?*

**«** *От наших родителей мы получили величайший и бесценный дар – жизнь. Они вскормили и вырастили нас, не жалея ни сил, ни любви. И теперь, когда они стары и больны, наш долг – вылечить и выходить их!»* Эту цитату приписывают гению эпохи Возрождения Леонардо да Винчи, который, как вам известно, жил пять веков назад. Но я вовсе не сомневаюсь, что главное «долговое обязательство», омрачающее жизнь и родителей, и их детей, было прочно укоренено в коллективном сознании человеческой цивилизации гораздо раньше и именно в этом виде досталось нам «в наследство».

Помню время, когда на каждой свадьбе в качестве музыкального подарка родителям звучала трогательная «Песня о матери» («Ана туралы жыр») выдающегося композитора, короля казахского вальса Шамши Калдаякова. В одном из куплетов есть такие слова: «Чтобы не быть у тебя в долгу, я искал для тебя все прелести мира, я бы подарил тебе все богатства, я бы подарил тебе солнце и луну, но прости меня — не смог достать…»

Кстати, в советской эстраде мне особо запомнилась песня «Родительский дом» Владимира Шаинского и Михаила Рябинина, там были такие слова: «Поклонись до земли своей матери, и отцу до земли поклонись. Мы пред ними в долгу неоплаченном, свято помни об этом всю жизнь».

Во всех этих цитатах лично для меня ключевым словом является «долг», вернуть который невозможно — нет на свете ни одного такого способа, и счет не может быть оплачен ни-ког-да.

Знатоки в области человеческих отношений убеждены: когда кто-то кому-то что-то должен, нарушается равновесие. Выходит, одна сторона только давала, вторая — только получала. Независимо от моделей взаимоотношений (семейных, партнерских, дружеских, коллегиальных) работает общий принцип: несоответствие ожиданиям заставляет одних чувствовать себя обманутыми, других — виноватыми.

В современной психологии существует даже специальный термин – «мышление должника», основу которого составляют наши разнообразные ожидания от других людей. Все начинается с рутинных мыслей о том, что «муж должен меня содержать», «дети должны хорошо учиться», «начальник должен вовремя платить зарплату», а «государство должно гарантировать мне достойную жизнь». Знакомо?

На самом примитивном уровне понятие долга, как правило, связано с деньгами, на более глубинном – с тонкими материями, нравственными понятиями, подразумевающими в первую очередь персональную ответственность. По мнению некоторых психологов, люди с высоким чувством долга, как правило, имеют очень сильную привязанность к своей матери, ими руководит желание бесконечно ей нравиться, выглядеть в ее глазах победителем, успешным, счастливым, и за это – любимым.

Кстати, есть научная версия, которая может быть весьма полезна для финансовых аналитиков, когда они разбираются со сложными кредитными ситуациями. Во многих случаях именно мышление должника влияет на решение человека взять кредит, а вот способность его выплачивать, то есть выполнять свои обязательства перед банком, сильно зависит от отношений с отцом в детстве. У человека, накапливающего долги, неспособного с ними справляться, фигура отца обычно размыта – либо его совсем не было в жизни ребенка, либо отец часто отсутствовал, либо был жестоким, резким, деспотичным и поэтому обесцененным, с минимальным родительским авторитетом. В этом случае специалисты часто направляют свои усилия на формирование у клиента нового типа мышления и рекомендуют привычное кредо «мне все должны» заменить новой установкой: «Вся моя жизнь – мой самостоятельный выбор».

В своей ежедневной заботе о детях родительское «мышление должника» проявляется во всей красе – у меньшинства неосознанно, а у большинства сознательно, и соответствует твердым убеждениям: стакан воды, который уже давно самостоятельный потомок все-таки «должен принести», несмотря ни на что, – это есть минимум в водовороте ожиданий. Родители, как, собственно, и завещал великий Да Винчи, ждут и заботы в немощи, и прямой финансовой поддержки, ждут, что дети будут продолжать их слушаться и жить так, как хотят родители, ждут и поводов для гордости, и внимания. В общем, много всего.

У специалистов есть мнение, что такими ожиданиями переполнены люди, воспринимающие родительство как огромную безответную жертву, – так почти всегда бывает в вертикальной модели семьи, когда родители главенствуют во всем, олицетворяя верховную власть, а в конечном итоге сильно переоценивают свои возможности и внутренние ресурсы – в том смысле, что не способны дарить свою любовь и заботу безусловно. Под знаменем лозунга «лучшее – детям» два десятка лет подряд они отодвигают все свои желания на потом, самоотверженно вкладывая в своих детей силы, время, здоровье, чувства, деньги, и вот пожалуйста – ни радости в ответ, ни бонусов, одна пустота и пренебрежение, потому что молодое поколение живет своей жизнью и интересами. Чем не драма?

На первый взгляд может показаться, что подобные ощущения испытывают родители с явно ограниченными мыслительными навыками. Но жизнь иногда доказывает, что заблуждаться относительно того, кто кому и сколько должен, могут люди, обладающие и широким кругозором, и житейской мудростью, и специфическими знаниями, выраженными в лучших компетенциях.

Впервые с этим явлением я столкнулась еще в ранней юности – моя мама, несмотря на все свои научные достижения в психологии (!), тоже была убеждена, что детей нужно воспитывать так, чтобы, цитирую, «в твоей старости они без напоминаний и просьб и водички тебе принесли, и своей зарплатой регулярно делились». Я поначалу открыто не возражала, но всегда удивлялась, как у моей продвинутой во всех отношениях мамы могут жить в голове и сердце такие невеже-ственные убеждения.

Уже со временем, когда стали подрастать мои старшие сыновья, я стала смелее возражать этим постоянно и нарочито повторяющимся догмам мамы, и хорошо помню, как ее обезоруживали мои слова. «Я не хочу долбить сыновей на тему их долга мне, пусть лучше растут в нормальном окружении и в любви без условий, а когда выра-стут, пусть будут наполнены желанием мне по-звонить или приехать на ужин. Я не даю своим детям ничего в долг, я просто их люблю, так что возвращать мне ничего не надо», – сердито па-рировала я.

Сегодня в отношении подобной родитель-ской позиции я придумала специальный термин – «ожидание гарантированной заботы», кото-рое, судя по моим личным наблюдениям, отрав-ляет жизнь обеим сторонам похлеще проблем со здоровьем и бытовых неурядиц. В зависимости от своих масштабов ожидание гарантированной заботы не просто снижает качество жизни, оно травит каждый ваш день и сводит с ума. Буквально. Особенно если эти ожидания нудно проходят через десятилетия вашей жизни.

При этом у Вселенной вполне может быть заготовлен совершенно иной сценарий развития событий. Во всяком случае, так произошло в одной семье, знакомой мне с раннего детства. До определенного момента нежная интеллигентная дружба матери и ее сына, возвышенные беседы о прекрасном, доверительные диалоги о будущем вызывали у окружающих только восхищение и тихий восторг. А потом в один прекрасный день эта тонко настроенная струна неожиданно оборвалась. Видимо, от невозможного натяжения.

Правда, инциденту предшествовала целая череда обыденных событий. Всё началось с повестки в армию, которую молодому человеку вручили после успешного окончания военной кафедры в политехническом институте, — он должен был отслужить совсем недолгий срок в офицерском составе, как выпускник вуза. Самой уважительной причиной, спасающей от воинской обязанности, была бы жена и наличие двоих детей, так гласил закон. У парня этого не было, как, собственно, и желания отдавать долг Родине, и его отец, воспользовавшись связями, уложил сына в стационар «на обследование», где тот познакомился с обычной медсестрой, которая только окончила училище и вышла на свою первую работу.

Спокойная, строгая, серьезная, традиционно воспитанная – парень встречал таких девушек и раньше, но никогда не проявлял к ним интереса. Просто потому, что все эти прекрасные человеческие качества были в его семье самой что ни на есть «обычностью», нормой, о которой вслух и говорить-то не принято. А вот месяц вынужденного общения в ограниченном больничном пространстве с такой добродетельной сударыней принес свои сюрпризы – из больницы молодой человек вышел с твердым намерением жениться, о чем и поспешил поделиться с родителями.

Мама выслушала его спокойно, но сразу же привела несколько контраргументов: будет ли им двоим, разным, как планеты в космосе, друг с другом интересно долгие годы, особенно потом, когда они уже не будут так молоды? Парень, которому на тот момент едва исполнился 21 год, а его избраннице – 18, отшутился: «Мам, зато классика жанра, когда он – инженер, она – медик». Но женщину такое положение дел совсем не вдохновило, и она, еще не зная своей будущей невестки, уже относилась к ней, мягко говоря, предвзято, что тоже было классикой жанра.

Шикарная свадьба все-таки случилась – единственный сын, знаете ли, среди трех дочерей. Молодая жена переехала жить к мужу, благо жилплощадь позволяла, в пятикомнатной квартире места хватало всем – и родителям, и новобрачным, и другим членам семьи. Спустя пару месяцев такой совместной жизни произошел ожидаемый злополучный инцидент. Глава семьи вернулся с работы, а дома не был готов ужин. Банальная житейская ситуация. Естественно, пожилой отец возмутился и, наверное, задел своими замечаниями молодую сноху.

Новобрачный вступился за жену, громко заявив родителям:

– Да я лучше в конуре жить буду, чем с вами!

Парень выпалил эти слова с такой ненавистной интонацией, что мать молодого человека восприняла их с драматизмом и душевным надрывом, и жизнь их в это самое мгновение разделилась на «до» и «после». Сердце матери разбилось.

…Сердце моей мамы.

При этом нужно учитывать, что наша в высшей степени неконфликтная мама всегда умела находить нужные слова и сохранять самообладание в самых сложных ситуациях, что, по большому счету, женщинам вовсе и не свойственно. В этот момент в ее глазах я, подросток четырнадцати лет, увидела всю боль материнского сердца – как от предательства, которого ты никак не ожидал даже от злейшего врага (мама в тот момент считала этот поступок моего брата предательством).

«Хорошо, мы разменяем квартиру», – всё, что она смогла сказать в ответ.

В скором времени мои родители действительно разменяли нашу шикарную квартиру на два каких-то абсолютно неравноценных убогих жилища. Не стану вдаваться в подробности, что происходило после этого в течение многих лет, скажу лишь, что последствия подобного неадекватного решения, подобно эффекту бабочки, проявились позже в самых разных ситуациях нашей жизни, и конкретно в моей.

Анализируя сегодня то происшествие, по сути, очень простую житейскую историю, я не могу сказать однозначно, что результат получился именно таким только из-за невестки. Возможно, и родителям нужно было как следует подумать, прежде чем выдавать в эфир откровенно немудрые решения на выпады сына. Для меня даже тогда было очевидно, что фраза старшего брата – всего лишь подобие аффекта, незрелая эмоция, вырвавшаяся ситуативно, не высказанная своевременно. Удивительно, конечно, что ни папа, ни мама, как более взрослые, зрелые, опытные люди, не смогли противодействовать этому вбросу и пошли на поводу у молодости.

Но самое печальное в этой истории, на мой взгляд, — мамины ожидания потом. Тридцать последующих лет до самого последнего своего часа она ждала, что сын придет за ней. Наша мама жила только этой мечтой.

Как деятельный ученый, она сильно верила в безграничные возможности человеческого разума. Ей казалось, что со временем люди меняются, и ее единственный сын обязательно образумится, осознает свою ошибку, и всё будет, как раньше. Она ждала его так беззаветно, словно не успела насладиться совместно проведенным временем и тем общением, когда сын жил еще в отчем доме, когда рос и взрослел.

Через 16 лет Вселенная предоставила маме отличный шанс исправить ситуацию и сделать свою мечту вполне возможной реальностью: уже зрелый сын ушел из той своей семьи, полюбив другую женщину, в очередной раз явно обозначив свою твердость. В тот момент мама одним только словом, своей материнской позицией могла мудро и легко срежиссировать дальнейшее развитие событий и увести от гибельных рифов семейный корабль моего брата. Могла тогда сказать, как прекрасно она это умела, не повышая голоса: «Я не поддерживаю твое решение. Это безответственно и недостойно поведения главы семьи. Возможно, вы никогда и не совпадали в понимании мира, и мы с отцом тебе об этом говорили, но ведь ты ее когда-то полюбил и повел к алтарю. Разве не ты в ответе за свой выбор?»

Но мама не произнесла тогда ни слова. Она не поддерживала сына в его турбулентности открыто, но и ничему не возражала.

Молчанием она уравновесила свой колоссальный жизненный опыт — как матери, профессионала, носителя фамильных ценностей — с женщиной моложе себя в три раза, которая в свои 18 лет вполне могла не знать многих вещей. Отомстила?

**Понимаете, это крайне важно – не вмешиваясь в буднях, по мелочам, не мешая молодым постигать на личном опыте всё бытие, так сказать, осваивать свою целину, вступать со своей родительской помощью действительно тогда, когда это нужно, даже если вас не просят об этом.**

**Научиться различать необходимость и незначительность невозможно, истинно любящее материнское сердце это просто видит, безошибочно чувствует, понимает. И принимает.** С одной ремаркой – для этого сердцу нужно освободиться от гордыни, ожиданий и навязчивого желания непременного возвращения долгов.

Да, это сложно. Но, поверьте, возможно. Этот путь прошли те, кому я доверяю, такой опыт прошла и я сама, значит, и у вас тоже всё получится.

Если вы считаете, что дети никогда не смогут вернуть вам долг или конкретно по пунктам всё то, что вы им дали (и, видимо, подробно записали, раз так хорошо помните), знайте: подобными мыслями вы нарушаете порядок вещей, посягаете на модель мироустройства.

Вы же взрослый человек? Наверняка ведете здоровый, осознанный образ жизни? Примите как аксиому, как новое знание – величайшая мудрость жизни заключается в том, что дети если и должны, то не родителям, а уже своим детям.

В этом и заключается родительский долг каждого из нас – научить всему, что умеем сами, передать знания, духовные ценности семьи, жизнеспособные убеждения, всю силу рода своим потомкам.

И потомки, в свою очередь, когда придет их время быть родителями, сделают то же самое, и тогда связь между поколениями одной семьи станет наполняющей всех, а не высасывающей жизненные силы. Именно так соблюдается один из главных законов Вселенной – закон бесконечности. И спорить с мирозданием не имеет смысла.

# ГЛАВА 4
## Верная дистанция

Во многих философских трудах вы могли встречать теории, согласно которым первопричиной всего, что с нами происходит, являемся только мы сами. Всё в нашей жизни создано нашими собственными руками, под влиянием принятых решений и представлений о том, что такое хорошо и что такое плохо. Как говорится, каждый человек – кузнец своего счастья. И несчастья тоже. И если мы полагаем, что причиной неудач является что и кто угодно, только не мы, значит, происходит глюк с нашим взрослением и личной ответственностью.

Изучая тему гуманного родительства на протяжении нескольких лет, я пришла к выводу, что истинную радость и наслаждение от общения друг с другом в семьях формата «родители – друзья детей», не говоря уже про кланы, объединяющие несколько поколений, испытывают единицы.

И меня, как мать, исследователя и гражданина своей страны, такое положение дел удручает и расстраивает.

Дело в том, что, несмотря на все баталии, развернувшиеся сегодня вокруг института брака, я глубоко убеждена: семья для человека – главный компонент окружающей среды, формирующей и питающей все его жизненные процессы. В этой среде он живет примерно первую четверть своей жизни, а все оставшееся время пытается построить новую благоприятную среду – согласно своим сформированным представлениям об источнике жизненных сил. И, как мы знаем, с первого раза получается не у всех.

Именно поэтому в моих исследованиях и возник вектор анализа разных семейных моделей, их преимуществ, изучение факторов обесточивания их участников, тональности сепарации и поиска оптимальной для всех членов семейного коллектива модели взаимодействия. Ведь в итоге, как ни крути, мы рождены, чтобы улучшать эту жизнь, искать и находить новые виды самореализации своих талантов и способностей. Я остаюсь верной убеждению – мы рождены, чтобы прожить жизнь счастливо.

В психологии под весьма модным сегодня термином «сепарация» подразумевается процесс отделения ребенка от семьи для приобретения самостоятельности. Не важно, какой может быть сепарация в каждом конкретном случае – эмоциональной, ценностной, функциональной, территориальной или финансовой, важно, что это естественный процесс, который, вопреки всем страхам и мифам о непреодолимой дистанции с родителями, способствует улучшению семейного микроклимата и созданию здоровых взаимоотношений. Но это в теории.

На практике мы имеем миллионы вариантов семьи (от самых вдохновляющих до самых драматичных) и столько же причин, почему люди не могут познать счастье в компании, казалось бы, самых близких людей, почему они вынуждены искать его где-нибудь за океанами и в полном одиночестве. А ведь счастье невозможно найти. Его можно только построить.

Интересно, что в вопросах отношений со своими взрослыми детьми многие считают главным быть собой и не навязывать свое общество. Не кажется ли вам, что «быть собой» чересчур просто и бесперспективно?

А не пробовали расти над собой в любом, даже почтенном возрасте, укрощать своих демонов, становиться человеком, к которому тянутся люди, уважают не только за годы и действительно искренне ценят мнение?

Напомню, что на характер взаимоотношений людей из семейной группы имеют серьезное влияние и структура «власти», и формат с точки зрения правовых и юридических норм (вечное противостояние приверженцев и противников штампа в паспорте), и число детей в течение жизни, и даже принадлежность партнеров к какой-либо группе, сообществу, религии, и прочие условности.

Так вот, главный секрет безболезненной сепарации заключается не только в трансформации поведения родителей, причем фактической, осознанной, не для галочки, когда из опекунов, контролеров, менторов и советчиков папа и мама в идеале превращаются в наставников, навигаторов, но и в трансформации модели семьи, в которой есть место и внимание каждому, независимо от возраста, рода занятий и роли в социальной жизни. В которой есть равные права на личные предпочтения и где принято нести ответственность за решения, за слова и поступки. Где сохраняются доверительные отношения с родителями, где не подавляется чувство собственного достоинства, где приветствуются целеустремленность, креатив и принятие своих желаний.

На тренингах, посвященных гуманному родительству, я часто рассказываю слушателям о горизонтальной модели современной семьи как о базисе построения модели содружества поколений.

В отличие от вертикальной модели, где многие участники коллектива вынуждены постоянно бороться за первенство, любовь, внимание и поощрения «вожака», у горизонтальной модели есть масса преимуществ, которые наделяют всех членов семьи особой жизненной силой. Во-первых, равномерное распределение времени и внимания к событиям, фактам и вопросам каждого позволяет всем участникам вместе согласовывать, планировать, обмениваться новостями и всем быть в курсе происходящих событий без утомления, и такое «знание» друг о друге отлично развивает интуицию. А интуиция в решении семейных вопросов, как мы знаем, – это совершенно уникальный инструмент.

Во-вторых, адекватное распределение обязанностей по силам, возможностям и способностям в такой семье определяет и степень ответственности каждого, исключает состязательность как таковую. Это значит, что слава и признание распределены между всеми, и каждый раз кто-то в семье – «герой дня», в зависимости от повода.

Высокая степень доверия порождает в семейном кругу бесценную возможность всегда говорить только правду и ничего кроме правды. В таких семьях нет никаких двойных стандартов и разночтений в делах и обещаниях, а в любых действиях или реакциях на что-либо проявляется приятная последовательность: сначала – слова, потом – действия. И это самым фантастическим образом упрощает жизнь, делает общение с детьми невесомым, а значит, благостным.

В ходе своих исследований я обнаружила еще одну интересную закономерность. На первых этапах здоровой сепарации очень важно установить верную дистанцию, которая поможет выстроить отношения с повзрослевшим дитя на равных, с доверием и уважением, как с разумной, полноценной личностью. Именно разумная дистанция исключит вероятность провалов, а установленные однажды правила игры помогут нашим детям относиться к нам на склоне лет с пониманием, теплотой и заботой.

Казалось бы, так в чём вопрос?

В том, что во многих семьях тема старости и будущей возможной немощи родителей сильно табуирована, и понятно почему: взрослеют дети – стареют родители. И мы оттягиваем разговоры на эту тему, как когда-то родители оттягивали говорить с нами о пубертатном возрасте.

Те, кто всю жизнь был для нас поддержкой и опорой, кого мы считали источником силы и защиты, вдруг становятся постоянно нуждающимися в помощи и внимании. Мы словно меняемся местами, и эта новая архитектура семейной иерархии вызывает совершенно другие эмоции, учитывая тот факт, что вслед за старостью неизбежен и уход.

Да, мы все уйдем. Обмануть Бога и время не удавалось еще никому. И этот страх будущей неумолимой потери порождает, например, нетерпимость и агрессию к признакам преклонного возраста. Кроме того, осознание наступившей старости и всего, что за ней последует, как правило, приходит внезапно, именно тогда, когда сами потомки пребывают в довольно болезненном периоде своих первых возрастных кризисов и подведения промежуточных итогов. Скажем так: в середине жизни.

Как говорят ученые, старость родителей напоминает нам о том, что неизбежно ждет нас самих, а с этой мыслью люди не всегда готовы примириться.

Вот здесь-то и начинается бурная деятельность теперь уже в адрес оперяющихся птенцов – надо же чем-то заместить страхи и надвигающуюся пустоту. И чем откровеннее вы стремитесь к обозначению своих прав и власти, тем сильнее сопротивляются ваши дети. Ничего не ведая о ваших делюзиях, они тоже хотят продемонстрировать, что не только способны принимать независимые решения, но и готовы отвечать за собственные деяния.

Почему в нашем обществе критически мало людей, которые благополучно прошли процесс сепарации и наслаждаются каждый своей продолжившейся жизненной дорогой? Потому что очередной этап психологического отделения ребенка от своих родителей (а их, по мнению ученых, всего четыре: первый – от рождения до года, второй – кризис трех лет, третий – подростковый возраст и четвертый – период вступления в самостоятельную жизнь) сопровождается всплеском разводов. Суровая статистика.

Если к этому прибавить повышенную тревожность родителей и их нереализованность в личной и общественной жизни, становится, по крайней мере, объяснима первопричина семейного террора, когда родители могут запросто, без предупреждения вторгаться на территорию детей (и не важно, в собственной комнате или уже в собственной квартире они живут), требовать отчет за личные покупки и безоговорочную нескончаемую помощь в быту.

Одна из читательниц рассказала мне однажды историю, из которой стало четко понятно, как несколько людей совершенно несчастны в общении между собой лишь только потому, что, следуя национальным традициям, младший сын остался в стенах отчего дома, как это «положено». Всего в семье двое сыновей, и девушка, что писала мне, замужем за старшим. Родители парней вот уже более тридцати лет твердят о том, что дети им постоянно должны.

В 2001 году глава семейства попал в ДТП с тяжелыми последствиями для здоровья и с тех пор вынуждает сыновей подчиняться решениям, которые он принял. В сложившихся обстоятельствах младший сын не может начать самостоятельную жизнь. И родителей совершенно не волнует, что парню вообще-то уже 31 год, он молод и полон сил, и самое время заняться своей карьерой и личной жизнью, а ему, как в далеком детстве, напоминают о долге и не позволяют принимать решения. И сколько еще продлится такое положение – одному Богу известно.

Есть в моих активах и другой кейс, в котором сепарация произошла, но настолько жестко и в таком неподходящем для этого детском возрасте, что родственные связи никак не восстанавливаются, и вот уже третье поколение, по сути, не имеет благодатной семейной почвы под ногами.

Родители одной девушки поженились сразу после школы, к этому моменту они оба достигли совершеннолетия. Для ее мамы этот брак был как раз таки сепаративным – отличной возможностью сбежать из дома от деспотичной семьи. А отец – сын народного артиста, актера и очень известного режиссера – вырос избалованным эгоистом. Когда девочке было 4 года, молодые люди развелись, поскольку были абсолютно не готовы к самостоятельной взрослой жизни. К тому же вскоре после свадьбы из жизни ушел дедушка – тот самый народный артист, и к бытовым неурядицам прибавились вопросы звездного наследства, в решении которых участвовали все родственники со стороны отца.

Так девочка оказалась на воспитании у своей бабушки со стороны мамы (мама после развода уехала работать в другой город) и из этого периода жизни длиной более 10 лет вынесла, по ее собственному признанию, «один незыблемый урок –

важно исполнять родительские обязанности вне зависимости от обстоятельств».

Сегодня, когда девушка выросла и сама трижды стала мамой, ей понятно, почему ее мать не может быть своим внукам нормальной бабушкой – ведь для этого сначала нужно быть нормальной матерью и пройти вместе со своим ребенком все этапы роста: детство, отрочество, юность, подойти к взрослению и увидеть, когда вместе с открывающейся дверью в реальную жизнь ребенок обретет уверенность, что он ценен и для родителей, и для этого мира.

Кстати, о двери. Я хорошо помню времена, когда американская традиция отправлять детей в свободное плавание, чуть ли не принудительно, сразу после наступления совершеннолетия, считалась слишком уж бессердечной и откровенно осуждалась в нашем «гуманном» советском обществе.

Сегодня по всему миру актуальны темы, связанные с подрастающими поколениями – абсолютными инфантами, которые ничего не хотят, ни к чему не стремятся и ничего не умеют. В социологии даже возникают новые термины, обозначающие эти явления. К примеру, в Италии великовозрастных детей, живущих в одном доме с родителями и откровенно сидящих у них на шее, называют бамбоччино, в Японии, согласно национальной статистике, сейчас больше миллиона хикикомори — неработающих молодых людей, добровольно прячущихся от общества.

Интересно, но ведь и мы со школы презирали обломовщину, а сами выросли, стали родителями и теперь своей чрезмерной заботой и боязнью отпустить от себя ребенка дальше, чем на сто метров, порождаем в собственных квартирах и жизнях толчки цунами вероятной социальной беспомощности детей. Чрезмерность, излишество, отказ от ручного труда ведут к нарушению равновесия, а это есть ядовитый корень. Во всём.

Дело даже не в том, чтобы указывать на дверь в буквальном смысле. Дело в правдивом высвобождении, предоставлении этого самого права на автономность. Можно жить вместе (уж нам ли, выросшим при социализме, не знать, что значит «некуда съехать»), но разумно распределяя и семейные обязанности, и бюджет, и текущие задачи. И моя любимая горизонтальная модель семейных отношений вам в помощь.

Между тем один из моих учителей, профессор московской Высшей школы экономики Игорь Липсиц, эксперт мирового уровня, считает, что чем позже молодой человек «родится» как самостоятельный – социально и финансово – субъект, тем ниже шансы на его устойчивость в дальнейшей жизни, а также на его возможность в таком качестве поддержать затем постаревших родителей. При этом профессор ссылается на традиционную медицинскую практику, когда переношенный плод в акушерстве полагают бедой (при сроке 41 неделя необходимо рассмотреть возможность индукции родов, а после 42-й недели на ней надо настаивать).

Последствия сепарации, которая не завершилась или вовсе не случилась, весьма плачевны. Специалисты отмечают, что такие повзрослевшие дети часто не могут создать собственную семью либо не имеют авторитета у своих детей, им весьма сложно определиться с профессией или делом жизни, не удается достичь финансового благополучия, в связи с чем они вынуждены пользоваться ресурсами родителей и испытывать колоссальное чувство вины.

Помните кадры из фильма «Пятый элемент», когда мать главного героя Корбена Далласа постоянно звонит в самый неподходящий момент то ему самому, то, случайно, президенту? Она, мягко говоря, недовольна своим сыном, точнее мизерными размерами его внимания, и агрессивно требует от него, которого «рожала в муках», «адекватного» к себе отношения. И молчаливое дистанцирование Корбена вполне можно понять (занятость по поводу спасения мира здесь ни при чем): меньше общения – меньше негатива и больше спокойствия.

В идеале каждая мать, рожая и воспитывая ребенка, должна быть достаточно зрелой, чтобы пережить и с достоинством, без суеты выдерживать неизбежную с ним разлуку. Более того, она должна создать условия, при которых ребенку самому захочется покинуть комфортное пространство семейного гнезда и захотеть жить самостоятельно, решать своими силами возникающие задачи, добывать средства к существованию и заботиться о своем потомстве.

А теперь внимание! **Вся соль в том, что пока мать остается в статусе «кормящей» и безропотно дающей блага, она и для себя, и для ребенка вечно молода! Почти бессмертна!**
Необходимость сепарации психологически лишает ее всех точек опоры, ее вселенского предназначения, мажоритарного собственничества и обоснования для ожидания (требования) гарантированной заботы! Страх стать ненужной заставляет удерживать ребенка рядом с собой всеми правдами и неправдами! Это в корне противоречит главному закону природы: вырастил — отпусти.

Нужно усвоить навык поручать детей их собственной судьбе. А для этого нужно самим уметь поручать себя своей собственной судьбе.

Но что у нас происходит в действительности? Кто-то никак не может свыкнуться с дорогой потерей. Кстати, к трауру по родителям это тоже относится – я знаю людей, которые стагнируют в горе и никак не могут прийти в себя даже спустя годы. А всё это время можно было жить, научаться новому, быть кому-то полезным, посетить край света, завести дружбу с волшебниками, совершить выдающееся открытие...

Но нет, люди не видят этих возможностей, льют слёзы и намеренно разрушают себя стрессом, легализуя свое траурное состояние.

Они знают, что стрессы укорачивают жизнь, и всё равно продолжают самозабвенно страдать. А потом так искренне удивляются, что совершенно не располагают ресурсами вдохновения и созидательной энергии.

Вы не задумывались о том, что примерно на рубеже пятидесяти лет вы начинаете «плохо себя чувствовать», но это происходит не от того, что активизируются хронические заболевания, как многие из вас убеждены, а потому, что именно в этот период ваши дети начинают активно строить свою жизнь, отдельно от вашей. А разделяться органично вы не умеете, вот и весь ответ.

Чего вы боитесь? Что в глубокой старости окажетесь не нужны своим детям? Некому будет подать набивший оскомину не одному поколению стакан воды?

Для тех, кто не знал: этот стакан, ради которого на свет появляются миллионы не очень-то нужных и любимых семьей детей, в культурах отдельных народов является всего лишь частью ритуала прощания. Его ставят у изголовья отходящего в иные миры человека, чтобы душа смогла «вымыться» и отправиться в путешествие «чистой». Учитывая сей факт, получается, что на самом деле стакан с водой символизирует не буквальную физическую помощь, а лишь проявление милосердия, добровольное решение быть рядом с человеком в последние мгновения его жизни.

По версии многих экспертов, чувство ненужности обычно возникает у тех, кто не нужен сам себе, кто не в состоянии найти себе места и занять себя делом самостоятельно. Я же считаю, что в вопросах сепарации ярко проявляются два принципа — «как аукнется, так и откликнется» и «что посеешь, то и пожнешь».

Банально, признаю. Но факт.

Кстати, этот же самый принцип работает и в вопросах воспитания детей. Меня часто спрашивают, как получается, что у приличных с виду родителей вырастают, например, дети-хамы, или откровенные эгоисты, или полные противоположности друг другу — один ребенок идеальный, а второй — словно не родной.

Позволю себе откровенность, но так происходит потому, что приличные родители — они только с виду, и когда-то детей своих обижали, пренебрегали их просьбами и интересами. Исследователи выдвигают версию, согласно которой агрессия потомков, направленная в адрес родителей, может быть неосознанной просьбой и даже мольбой о любви, своеобразным напоминанием, что когда-то в отношении ребенка были допущены несправедливость, боль и холод.

Просто спустя много лет взрослые люди этого не помнят – все неактуальные файлы память услужливо перемещает «в корзину». Перемещает, но не удаляет окончательно. И когда-нибудь эти файлы всплывают, чтобы восстановить равновесие в семейной системе. Всякое брошенное зерно обязательно прорастет. Не стоит удивляться.

Во всех проявлениях, суждениях и действиях наших детей лежит ровно половина нашей ответственности. Но бывает и так, что вы точно знаете природу детского хамства. Знаете, но отказываетесь добровольно признать свои ошибки и незнания. Лукавите.

На эту тему в сети «гуляет» ролик, где девочка-подросток откровенно резко обращается к своей матери, и женщина тихо понимает, что дочь точно копирует ее же фразы и интонации, которые она совсем недавно сама использовала и применяла, когда дочь была еще ребенком. Понимает, как была несправедлива, и не ропщет…

Знакомая ситуация?

Я нудно и неустанно повторяю о том, что признать собственные упущения – лучше любых медитаций и прочих практик. Возможно, своим грубым поведением и резкими реакциями на сегодняшние безобидные ваши действия и слова дети вызывают вас на то самое признание.

**Не нужно даже ничего подбирать, просто скажите: «Я была молодая и совсем не имела опыта, не знала, как нужно и как лучше. Прости мне всё то, что наносило тебе боль, прости, что обижала. Прости, прости, прости».**

Такие «моменты истины» еще ни разу никому не навредили. Подружитесь со своими детьми, но сделайте это не конъюнктурно, для формального успокоения души и такого же формального мира в отношениях, а от всего сердца, с искренней заинтересованностью пожить еще много лет в согласии и благоденствии.

Если вдруг в вашей ситуации совсем всё печально, и ваше дитя никак не идет на контакт, и вы понимаете, что авторитет родителя потерян, в помощь вам маленький лайфхак: предложите жить без вас, попробовать буквально стать самостоятельным/творить/вести хозяйство. И сами тоже пробуйте — жить по-другому, по-новому. Шагните за горизонт своего привычного миропонимания, с которым вы прожили полвека и добились того, что имеете. Попробуйте! Вдруг у вас получится прожить еще столько же, но более удовольственно? Благодаря новым моделям поведения и осознанию можно помочь потомкам выйти из колеса судьбы и высвободить энергию для решения задач более высокого порядка, заложив тем самым отличный фундамент для следующих поколений.

Не так давно старший сын сказал мне: «Дистанцироваться, обижаясь на родителей, и видеть в этом облегчение – ошибочный алгоритм. Так мы сжигаем свой двигатель на холостом ходу, и цели, чтобы тебя услышали и действительно поняли, не добьешься. Не надо ждать, когда родители прозреют, осознают, признают – это может и не случиться. Нужно и нам проявлять решительность и смелость говорить с родителями, обсуждать и предлагать им что-то менять. Во имя любви».

Верная, разумная и жизнепитающая дистанция возможна при участии всех заинтересованных сторон. Радуйте своих пожилых родителей. Даже если ваша история детства совсем не про любовь и тепло. Но ведь вы здесь, чтобы это изменить навсегда, чтобы оставить потомкам в наследство новую родовую программу. Моделируйте!

Да, жизнь у вас одна, но сделать ее другой, перекроить, расставить акценты, раскрасить в радужные оттенки можете только вы и в любой момент. Ни темперамент, ни жизненный опыт ни при чем. Главное – ваше желание, чтобы всё стало по-другому, и ваши соответствующие действия.

Ибо, как говорил выдающийся ученый Альберт Эйнштейн, глупо ожидать новых результатов, поступая по-прежнему.

# ГЛАВА 5
## *Холодное сердце*

Сегодня я точно не помню, сколько лет исполнилось нашей дочери Шарлиз, когда она впервые посмотрела чудесный диснеевский мультфильм про златовласую Рапунцель. Сказку братьев Гримм я отлично знала и за развитием событий на экране, теперь уже вместе с дочерью, наблюдала с точки зрения исследователя. Матушка Готель, удочерившая прекрасную девочку, только притворялась любящей матерью. Ведьмина сущность требовала изображать из себя вечную жертву, дни напролет разрушать самооценку Рапунцель, отпускать саркастичные комментарии. Ведь чем ниже самооценка ребенка, тем проще заставить его плясать под свою дудку. Если явных дефектов нет, в ход пойдут надуманные. Неповиновение или противостояние со стороны дочери приводило «матушку» в бешенство.

Зачем Готель бесконечно внушала Рапунцель, что мир за пределами башни жесток и опасен? Ведьме казалось, что так она сможет удержать свой контроль над дочерью, от волшебного дара которой зависела красота и молодость обманщицы.

Для меня очевидно, что Готель – классический представитель теории ведра с крабами, жизненной философии высокотоксичных людей, смысл существования которых заключается в убеждении окружающих, что им не под силу справиться с той или иной задачей. Не под силу настолько, что и пытаться не стоит. Теория ведра с крабами была открыта экспериментальным путем каким-то очень наблюдательным человеком – у каждого краба, помещенного в ведро (или кастрюлю) для варки, есть шанс выбраться и спастись.

Секрет в том, что это можно сделать в одиночку. И каждый в отдельности краб это знает, поскольку наделен природными инстинктами, включая и способность к выживанию. Но как только отважный смельчак достигает верха емкости, за него тут же начинают цепляться другие «товарищи», стаскивая его тем самым на исходную позицию – прямо на дно. И хуже всего в этой теории то, что подобным поведением грешат не только случайные в нашей жизни люди, но и самые близкие, самые родные.

Слава Богу, я выросла в другой – поддерживающей – среде, с детства знала о своей ценности и точно с упоением понимала, что в семье – действительно как в крепости. Мощные ощущения самодостаточности и надежности родительского дома, невероятно нужные в нежном возрасте, наши папа с мамой подарили каждому из своих четверых детей. Это особенно важно, учитывая довольно специфическую атмосферу Караганды 70-х годов.

В те времена Карагандинский угольный бассейн был третьим по величине в Советском Союзе. В 30-е годы в этой местности размещался печально знаменитый Карлаг, как часть карательно-уничтожающей системы, площадью с целую Францию. Разные источники утверждают, что через Карлаг прошло более миллиона заключенных, многие из которых вместе со спецпереселенцами были заняты на шахтах в угольной промышленности.

Именно поэтому для меня, уже с высоты своего родительского опыта, папа с мамой в этой преимущественно маргинальной среде казались если не инопланетянами, то очень самобытными, оригинальными, крайне изобретательными и, самое главное, исключительно добрыми воспитателями своих потомков. Конечно, идиллия не длится вечно, и коллапс, наверное, был неизбежен, что, собственно, и случилось в определенный момент со страной, но основы семейной системы гуманного родительства в нашем доме были заложены убедительно, и многие из этих правил я популяризирую до сих пор как единственно возможный вариант взаимоотношений со своими детьми.

Точно знаю, у миллионов детей на этой земле «другие» родители. Холодные. Психологи выделяют разные типы – отвергающие, эмоционально отстраненные, эгоцентричные, нарциссичные, зацикленные на карьере, но всех их объединяет отсутствие чуткости, сердечности, тепла и внимания, что приводит к драматическим последствиям.

Ребенку же нужны непрерывный эмоциональный отклик, «сверка» и каждый раз объяснение переживаемых им чувств – с понятными подсказками от родителей, а также эмоциональная поддержка на всех этапах его взросления. Человек, выросший в холодной эмоциональной обстановке, утрачивает надежду, доверие и способность радоваться. А ведь это фундаментальные для нормального развития и будущего успеха понятия.

Исследователи убеждены, что отличить таких детей легко – они не умеют просить о помощи. Их бессознательное с первых дней жизни запомнило, что в этом нет смысла – их потребности никому не интересны и не важны. В своем стремлении приспособиться к обстоятельствам ребенок вынужден непрерывно добиваться «успехов», несмотря ни на что – появляется привычка постоянно игнорировать свои истинные желания, так и не поняв их, не проявлять сочувствия к самому себе и жить в хроническом стрессе.

При этом «благополучные» родители часто искренне недоумевают, откуда у них взялось такое дитя – с дикими выходками, безразличием и склонностью к саморазрушению и различным зависимостям, и почему его так манит улица. Хуже всего, что они стыдятся ребенка, которого сами же произвели на свет, считая череду драматических событий необъяснимой генетической ошибкой и тем самым дальше ухудшая состояние дитя. Такие родители и не собираются брать на себя ответственность за последствия своего отношения. Им кажется, что это вина ребенка, его «ментальный выбор». Бред, да?

В моих исследованиях открытых и теневых сторон родительства был период, когда я с интересом изучала биографии известных людей. На эту тему в интернете много материала. И я пришла к выводу, что талант и выдающиеся способности – вовсе не показатель и не гарантия доброго, чуткого, пламенного сердца, преисполненного осознания личной ответственности за тех, кого мы привели в этот мир. Некоторые публицисты ссылаются на ужасающие факты.

Например, выдающийся мыслитель эпохи Просвещения, французский философ Жан-Жак Руссо, известный своими демократическими взглядами, размышлениями о врожденной доброте человека и педагогической концепцией, в основе которой лежит гуманизм, уважение к природе личности ребенка, его индивидуальности и воспитание с опорой на общечеловеческие ценности, сдавал своих новорожденных детей в приют, и проделывал это не один раз. Учитывая условия жизни в 18-м веке, у младенцев просто не было шансов.

Байрон помимо своих литературных творений известен еще и тем, что сначала отобрал свою незаконнорожденную дочь у матери, а потом, когда девочка четырех лет от роду, скучающая в огромном замке отца, ему надоела, поэт сдал ее на попечение монахиням. С комментарием: «Она упряма как мул и прожорлива как осел». Спустя время от дочери пришло письмо с просьбой навестить ее, но отец, занятый стенаниями на тему несовершенства этого мира, расценил поступок малышки как попытку выпросить подарки. В пятилетнем возрасте девочка покинула этот мир.

Может показаться, что холодностью в основном грешат отцы в силу своей мужественной природы и нечувствительной души, но это большое заблуждение. Истории многих знаменитых матерей еще больше леденят душу своим неприкрытым цинизмом. Пожалуй, самая известная в этом списке персона – любимая миллионами Марина Цветаева, переводчица и поэтесса Серебряного века, мать троих детей. Известным фактом биографии двух ее дочерей является пребывание в Кунцевском приюте, куда Цветаева сдала детей из-за неспособности их прокормить в годы Гражданской войны. В начале февраля 1920 года от голода в стенах этого приюта погибла ее младшая дочь Ирина. В письмах этого периода друзьям поэтесса признается, что узнала об этом случайно спустя несколько дней после смерти девочки. Старшую дочь Ариадну к этому времени Цветаева уже забрала, и она находилась дома, рядом с матерью. Вот вам и «две руки, легко опущенные на младенческую голову…»

Эйнштейн, которого я вспомнила в предыдущей главе, отказался от своего первого ребенка с молчаливого согласия супруги. История, зафиксированная в письмах, сохранила только имя новорожденной – Лизерль, а судьба ее до сих пор неизвестна. Девочка появилась на свет в 1902 году, когда ее родители еще не были официально женаты, не имели собственных средств и не могли рассчитывать на успех и продвижение в научной сфере с незаконнорожденным ребенком на руках.

Мария Монтессори, известная на весь мир своей педагогической концепцией, основанной на идее свободного воспитания, отдала своего сына Марио в приемную семью и забрала его обратно, когда мальчику исполнилось уже 15 лет. Поскольку Мария навещала сына довольно часто, их связь не была разрушена, и Марио не только сохранил свою любовь к матери, но и стал продолжателем системы Монтессори.

А вот драма выдающегося ученого, философа, археолога, востоковеда Льва Гумилева без лишних слов доказывает, какой разрушительной силой обладает решение женщины о дистанционном воспитании. Сын поэтессы Анны Ахматовой, стихами которой восхищается не одно поколение людей, причем не только советских, вырос без участия и заботы своей матери. И нельзя быть уверенным, что именно эта отверженность не сыграла ключевой роли в его судьбе, когда ученый, мечтающий заниматься наукой, работал то на лесоповале в Карелии, то в штольнях Норильска, то сидел в Карлаге. Типичному «лишнему человеку» словно с рождения не было места ни в жизни родителей, ни в новых для страны реальностях, сменявших друг друга со скоростью света. Некоторые источники утверждают, что, например, в Бежецк, город в Тверской области, где провел часть своего детства сын Ахматовой, она приезжала всего два раза – на Рождество в 1921-м и летом 1925-го. И каждый раз спешила вернуться в Петроград, к привычной жизни литературной богемы. Ребенком всецело занималась бабушка со стороны отца Николая Гумилева, который тоже был весьма доволен тем, что «его сын растет под крылом, где ему самому когда-то было так хорошо и тепло».

Для нас, совершенно другого поколения людей, конечно, немыслимо размышлять над строчками просветительского трактата или стихотворения, оставшегося в веках, в то время как собственный ребенок где-то в чужих стенах умирает от голода. И даже если не умирает физически, то тоскует, сокрушаясь о своей несчастной судьбе, лишенной живительного источника родительского тепла и поддержки.

С другой стороны, очевидно, что холодные родители прекрасно мимикрировали вместе с изменившимися реалиями 21-го века и обзавелись более изощренными способами испортить жизнь и психическое здоровье своему ребенку. Хотя кто-то по-прежнему действует «по старинке» и сдает детей в детские дома и специнтернаты.

Эксперты, к слову, до сих пор не могут прийти к единому мнению, кто опаснее для детской души – холодная мать или холодный отец. Я склоняюсь к мысли, что все-таки мать, поскольку именно она в первые годы жизни отвечает за базовое доверие ребенка к миру вообще.

Различные исследования говорят о том, что сыновья таких холодных матерей часто стремятся «добирать» любовь в непродолжительных легкомысленных отношениях с несколькими женщинами. Они быстро влюбляют в себя выбранный объект страсти, затем оставляют его и переключаются на новое любовное приключение, а в официальном браке не в состоянии хранить верность. Травма, вызванная отсутствием материнской любви, может выражаться в эмоциональном или физическом насилии по отношению к жене, к подруге.

Возьмем, к примеру, семейную пару, в которой мужчина воспитан холодной, склонной к рукоприкладству матерью. Общаться они могут очень дозированно, даже жить в разных городах, и внешне у них все выглядит интеллигентно. Как правило, выросшие в семье, где мама гоняет клюшкой, молодые люди производят на мир стабильно приятное впечатление своей сдержанностью и лояльным отношением к родителям. При этом близкие могут жаловаться на их невыносимое поведение и внезапные вспышки агрессии, очень похожие на провокации. И провокации эти, как правило, неосознанные.

Дело в том, что в детстве с ними не очень «вежливо» обходились родители – если что не так, могли запросто побить всем, что попадало под руку. Хоккейной клюшкой, шлангом, скакалкой, веником, ремнем. Это могло продолжаться до тех пор, пока ребенок не закончил школу. Понятно, что во взрослом возрасте глупо ожидать при таких условиях жизни настоящей дружбы с родителями, теплого, искреннего общения.

А теперь внимание: у таких детей сохраняется запрос тела время от времени получать этот болезненный пинок, который они «выпрашивают» своим возмутительным поведением уже в своей взрослой жизни, искусственно создавая ситуации конфликта, притягивая его. Я назвала это явление, не такое уж и редкое в нашем обществе, «синдромом клюшки». Мам, колотивших свое дитя в детстве клюшкой, видно за версту – на глазах у изумленной публики они и сейчас запросто могут распустить руки, пихнуть, оттолкнуть, откровенно игнорируя факт, что их сын вырос, и у него уже проседь на висках.

И если вдруг вы как никогда близки к образу матушки Готель, на какое ответное искреннее чувство вы рассчитываете? Вы научили своего ребенка любить? Смогли создать у него понимание великой ценности семьи, ее надежности и самой безопасной на земле территории?

В конце концов, имея сердце, растить детей не так уж сложно. Гораздо сложнее воспитывать себя, отдавая себе отчет за реальный посыл каждого надменного замечания, колкого комментария, прикрытого абьюза, только для того, чтобы всенепременно поставить своих детей на место.

Одна из моих подписчиц как-то рассказала мне весьма поучительную историю: «В детстве сын преподал мне, сам того не ведая, отличный урок. Он с ранних лет занимался футболом и из-за травмы попал в больницу – перелом. Я, естественно, часто его навещала и стала замечать, как он общается с девочкой. Обычной девочкой, скромно одетой и внешне ничем не примечательной, о чем я, к моему стыду, не преминула ему сообщить: «А что это за девочка к тебе захаживает? Вы дружите? Она такая несимпатичная»... Сын мгновенно переменился в лице и сказал, что устал, ему нужно отдохнуть, а я могу идти домой. Уходя, уже в дверях я услышала: «У нее очень красивая душа. Ты поймешь это, когда с ней поговоришь».

Конечно, я и перед сыном потом извинилась, и с девочкой познакомилась. Сын был прав. Я тогда забыла, что меня в школе называли мымрой, и парни никогда за мной не ухаживали.

До сих пор поражаюсь, как в моей голове могли появиться такие слова. Видимо, до этого момента я самонадеянно считала, что мой ребенок достоин только красавиц, от которых глаз не отвести. Какая глупость! Сегодня он служит в армии, и я слышу сплошные хорошие отзывы о нем. Думаю, его врожденное умение видеть сердцем помогает ему совершать нормальные человеческие поступки».

Впрочем, был в моей жизни еще один печальный случай, подтверждающий всю разрушительную силу материнского посыла. И печаль его усугублена тем, что мама в той истории была не просто холодная. Ее сын с рождения страдал неизлечимым психическим заболеванием. Женщина, на тот момент мной уважаемая, многими понимаемая, растила мальчишку с полной отдачей себя роли матери. Я честно признавалась тогда, что с не менее недужным моим вторым сыном Исламбеком не делаю даже десятой доли стараний и телодвижений, которые выполняла моя знакомая. И от этого я уважала маму мальчика еще сильнее, более того, она была, пожалуй, одной из немногих в моем окружении, к кому я прислушивалась без колебаний, так велик был ее авторитет в моих глазах. И как-то раз при мимолетной встрече моя знакомая, не сдерживая отчаяния, взмолилась вслух: «Господи, уже излечи его или забери…»

Что я ощутила в тот момент – описать сложно, смешанные эмоции, ступор, конечно, но не чванство точно. Я была опустошенная, погрузилась в думы о своем больном ребенке, помню, долго молчала и даже плакала.

А через несколько месяцев мальчишка тот погиб, выпал из окна.

Что это было? Господь пощадил мать, услышав мольбы? Или так дошла до ребенка вибрация мысли, материнского намерения? И какое в этой истории сердце матери – холодное или все-таки горячее? Ведь много лет мама истошно взывала к небесам об исцелении и делала все, чтобы мальчик выздоровел…

Исламбек тогда был совсем маленький, и я рыдала по ночам с одной только мыслью: чтобы вдруг когда-нибудь, хоть в каком отчаянии ко мне не пришла бы такая дума, а язык мой не смел бы ее озвучить.

Пусть я не успеваю водить сына на ЛФК и всякие там психологические сессии, пусть даже капризно и нудно не хотела оформлять его документы по инвалидности, пусть со всех сторон на меня сыплют стрелами ненавистники, осуждая за то, что не сетую и не попрошайничаю, но жить я буду с намерением и светлой мыслью, чтобы мой глубоко и неизлечимо больной сын просто жил.

Сегодня и уже много лет я говорю ему каждый день: «Спасибо, что живой».

Кстати, хотите оценить реальный уровень любви в своем семейном пространстве? Посчитайте, сколько раз за последний месяц в групповых чатах с детьми, ближайшими родственниками и друзьями было употреблено слово «люблю». Есть такая опция в любом гаджете.

Это очень эффективный эксперимент, показывающий, насколько срочно пора менять климат в семье на более благоприятный. Начните с малого. С простого слова, несущего целебную силу. Начните прямо сейчас. Каждый день научайте себя и других любить.

Пишите и говорите своим детям каждый день: «Люблю».

# ГЛАВА 6
## Дом без часов

**В** модели содружества поколений, помимо добровольной сепарации обеих сторон и осознания истины, что взимание и возвращение долгов – путь в никуда, есть еще один ключевой момент. Активное долголетие.

Эта жизненная позиция настолько важна, что знания о ней необходимо передавать по наследству, как фамильные ценности.

Активное долголетие сегодня – это целая система, идеология и даже политика (причем довольно многих развитых государств), суть которой сводится не только к долгой жизни (буквально – до ста и более лет), но и жизни бодрой, энергичной, социально полезной. Адепты этого образа жизни нужны окружающим до последнего своего дня.

Вам, полагаю, знакома история знаменитого американского психоаналитика Хедды Болгар, одно время о ней очень много писали в сети. Женщина, рожденная в 1909 году и пережившая множество событий планетарного масштаба, была лично знакома с семьей основателя психотерапии Зигмунда Фрейда, на чьи лекции ходила в юности с большим воодушевлением. Мобильные телефоны, планшеты, конференц-связь и скайп появились на склоне лет доктора, и она с удовольствием пользовалась всем этим, поскольку считала технологические инновации незаменимыми в работе над своими книгами, а также для консультаций и научных дискуссий.

Пациенты Хедды, люди, преимущественно уже пожившие и повидавшие разные обстоятельства, своего доктора обожали. И ведь действительно было за что. Своим личным примером каждый день удивительная женщина доказывала, что старость в нашем традиционном понимании и восприятии – всего лишь иллюзия.

Хедда не просто находила слова, избавляющие людей от страха смерти, одиночества, страданий. Она так убедительно рекламировала преимущества третьего возраста, благодаря которым ум может оставаться острым, а жажда работы – неутолимой, что бабушки и дедушки начинали завидовать самим себе. Своей свободе, мудрости, колоссальному жизненному опыту. И жизнь открывалась им заново. А возраст оказывался главным союзником, предоставляющим отличную возможность подумать без суеты о своей жизни, перестать злиться на себя за неправильные решения и избавиться от хронического чувства вины.

Хедда Болгар, чей профессиональный стаж в психотерапии составил 75 лет, была востребована так сильно, что близким друзьям, по их воспоминаниям, приходилось планировать совместные обеды за месяц вперед. «Я слишком занята, чтобы умереть», – повторяла доктор.

Элегантная, стройная, улыбчивая и оптимистичная. Она точно знала, что жизнь – это радость. В любом возрасте. И часы тикают лишь для того, чтобы вовремя принять пациента и не опоздать на встречу с любимыми людьми.

Я не случайно заострила внимание именно на персоне доктора Болгар. Уверена, в копилке ваших жизненных историй тоже найдутся подобные выдающиеся примеры. Дело в том, что мои убеждения практически на 100% совпадают с рекомендациями психотерапевта своим пациентам.

Для активного долголетия весьма полезно регулярно высыпаться, правильно и не переедая питаться, заниматься посильным и обязательно интересным спортом – не в угоду моде, а именно теми видами, которые действительно приносят удовольствие, находить радость в простых, обыденных вещах, не зацикливаясь на прошлом, и избавить свой ежедневный бытовой лексикон от всего, что касается болезней, лекарств, медицинских процедур.

Да, и не ворчать на молодежь. Стараться с ней подружиться.

Теперь объясню свою позицию.

Не так давно я посмотрела отличный документальный фильм «Нас уже 7,7 миллиардов. Дальше – больше» производства BBC. По прогнозам ООН, при существующих темпах рождаемости и повышении продолжительности жизни к 2050 году на Земле будут проживать 10 миллиардов человек. Темой моих долгих размышлений после просмотра стала даже не ограниченность ресурсов планеты при ее неутешительном экологическом положении и ожесточенная борьба за сохранение ресурсов, а именно повышение продолжительности жизни.

На первый взгляд жить долго – очень здорово. Какие могут быть сомнения? Это была несбыточная мечта наших предков. Многие люди стремятся к тому, чтобы как можно дольше пробыть рядом со своими потомками и испытать ни с чем не сравнимую радость от созерцания их достижений и побед.

Журналист в кадре Крис Пэкхем, демонстрируя демографические, геронтологические и другие новейшие исследования по всем континентам планеты, параллельно рассказывает зрителям свою личную историю. Его 84-летний отец – обладатель целого букета заболеваний, характерных для большинства людей этого возраста. И эти заболевания требуют регулярного внимания, лечения и контроля.

Давайте подумаем. Крису 60 лет. Он известный телеведущий, который работает в лучшей телекомпании мира, снимает крутые научно-популярные и просветительские фильмы. Помимо этого он еще и фотограф, писатель, естествоиспытатель, в общем, весьма востребованный специалист, который, судя по внешнему виду, находится в отличной физической форме. Разумеется, как любящему сыну, ему не жалко средств, времени и энергии, которые он вынужден расходовать постоянно для того, чтобы папа продолжал жить. Но... Здесь я споткнулась. Как долго Крис сможет выполнять свой долг любящего сына, не раздражаясь?

Фактически получается, что современная долгота жизни преследует тебя, как непреодолимое обязательство, от которого сложно избавиться. Всего каких-то 30—40 лет назад жизнь не была столь длинной, и взрослые уже дети с уходом родителей получали шанс продлить себе свою активную фазу. Сейчас вокруг нас — миллионы сценариев, когда люди лишены самóй возможности нормально жить и работать, потому что связаны по рукам и ногам ожиданиями, претензиями, а то и требованиями своих перманентно недужных, угасающих предков. Особенно грешат психологическим терроризмом родители, явившие на свет детей как спасителей от одиночества. И это особо болезненный путь.

А ведь как было бы чудесно, если на всей планете с повышением продолжительности жизни повышалось бы еще не просто ее социальное качество, но и здоровье организма, иммунный арсенал, четкость памяти, уровень интеллекта, когнитивных функций, раскрывались бы таланты.

И это — не забота потомков, не их прерогатива, а наша личная стратегия, фокус нашего (и только нашего) внимания.

Чтобы в 85 лет чувствовать себя таким же энергичным и продуктивным, как в 45 (а это, как мы только что выяснили, вполне достижимо), нужно заняться собой. Сегодня! Прямо сейчас! И в первую очередь понять и оценить масштабы и длительность собственной ответственности. Никакие родительские звания, включая всеми уважаемые ветеранские «Алтын алка», не дают нам права перекладывать обязательства за свой изможденный к почтенному возрасту организм и ветхое тело на плечи своих детей.

Сегодня в свои 50 лет я делаю всё возможное (а иногда даже и не очень возможное), включая заботу о физическом здоровье, разуме и рассудке, чтобы через 30 лет быть по-прежнему интересной и полезной для всех своих детей. В данном контексте я имею в виду полезность в виде правдивой и соответствующей действительности демонстрации ясного ума, светлой души и крепкого тела.

Да, на элементарном уровне польза третьего возраста традиционно воспринимается как «с внуками посидеть» и «пирожков напечь». Особенно, если мы располагаем для этого временем. На самом деле колоссальная польза заключается в другом. Внимание! Не беспокоить, не дергать ежечасно своих детей, не упрекать и не ныть, не требовать свой заслуженный стакан воды, взывая к совести и вменяя в вину, а продолжать и в 87 лет жить исключительно своей жизнью, наполненной своими делами и увлечениями, не нуждаясь при этом в прямой заботе, и встречаться с потомками лишь по желанию обоюдного искреннего общения. Желанию обменяться новостями или новыми знаниями, чем-то легким и только что услышанным. С преобладанием заинтересованности (потребности) с их стороны.

Понятно, рано или поздно морщины догоняют всех, пока это неизбежно, несмотря на все инновации современной эстетической медицины. Но разум дан нам свыше для того, чтобы до последней минуты осознавать всю необходимость прежней самостоятельности (физической, ментальной, финансовой) – вне зависимости от жизненных обстоятельств, отношений со своими детьми и колебаний их настроения.

Допускаю, что люди с консервативными взглядами на жизнь захотят поспорить в первую очередь о справедливости или уместности такой позиции, а после – и о ее целесообразности и результативности. А кто-то покрутит пальцем у виска, мол, это бред и утопия.

Но давайте подумаем и о том, что в любой момент эпохи, как и в любом возрасте, человеку под силу стать инициатором новых трендов, завести новые правила, направленные на улучшение того, «другого» качества жизни, и уже сейчас понять, в каких реалиях мы хотели бы видеть свой золотой возраст. Ведь пресловутая мудрость – хоть одна из главных, но не единственная ценность опыта.

Да, присутствие родителей преклонного возраста с точки зрения благостной энергии в доме и связи поколений очень важно. Но гораздо важнее, ценнее сохранить их прежнюю жизнеспособность и самостоятельность.

Почему младшее поколение, которое в силу своего деятельного возраста, хочет жить, творить, самореализовываться, вдруг оказывается в вечной повинности перед родителями «подай – привези – отнеси»? Потому что с возрастом большинство пап и мам не просто теряют навыки жизнеобеспечения, причем иногда самые элементарные, но и убеждены, что дети без вариантов обязаны/должны/сделают. Так родители складывают оружие.

Несомненно, у каждого из нас – свой статус здоровья, включая показатели генетики, психики, и даже свой социально-семейный статус, плюс – кармическая история. Кто-то одинок, кто-то много лет прожил в официальном браке, кто-то – в свободных отношениях. Всё это не имеет значения, если мы вырастили своих детей, дали им благословение в большую жизнь и поставили перед собой задачу-максимум заново вернуться на свою дорожку, продолжить жить свою жизнь и развивать себя, не разрушая, не останавливая движение по своей траектории.

Нужно, нужно продолжать жить свою жизнь. И не противоречить законам природы. Вы же знаете, в животном мире крайне редки случаи, когда повзрослевшее и окрепшее потомство живет вместе с родителями.

**Когда телефонная трубка раскалена от наших стенаний: «Я скучаю по тебе, сынок», это означает лишь одно – нам реально нечем заняться, мы забыли, кто мы есть, у нас где-то в какой-то момент оборвалась своя жизнь, и поэтому мы делаем всё, чтобы выпросить (порой вытребовать) хоть немного внимания от своих детей.** И эта позиция жертвы влияет на все вокруг, включая и наше окружение, раздается всем, как wi-fi, самочувствие и глобальное желание жить.

Да, есть множество не зависящих от нас факторов, способных нас сломать на этом пути. Есть состояние всего мира, есть состояние отдельной страны, в которой мы живем и в которую верим. Да, всё может измениться в любой момент и нанести нам сокрушительный удар. В конце концов, вокруг витают заблуждения, насаждаемые запросами общества в наше сознание на протяжении многих десятилетий, за которые выросло уже нескольких поколений...

Но иногда по жизни я вдруг встречаю людей, которым глубоко за 70, и они никогда не произносят вслух слова типа «Альцгеймер», «старею», «болею», «мне нужно к врачу», «старость – не радость». Они даже не думают об этом. Они пользуются другим лексиконом, без намека на угасание. Они путешествуют по всему миру, преподают в лучших университетах. И когда-то давно хорошо усвоили важное правило: чтобы бодро чувствовать себя в старости, в молодости нужно много читать, размышлять и двигаться, и теперь со своим активным сознанием и мышлением они готовы к любым сюрпризам судьбы, к любым глобальным трансформациям: влево, вправо, вверх.

Если у них получилось, у нас с вами тоже получится!

К слову, некоторые эксперты уровня академика Владимира Михайловича Бехтерева или заслуженного деятеля науки Российской Федерации Татьяны Владимировны Черниговской, которые посвятили всю свою жизнь изучению потенциала мозга, убеждены в том, что лишь 20% людей могут сохранить свой разум ясным до конца своих дней.

Эти 20% говорят нам о том, что остальные 80%, к величайшему сожалению, превратятся в слабоумный удручающий балласт активных членов своей семьи. 80% – это катастрофически больше, чем печальная статистика преждевременной смерти в связи с онкологическими заболеваниями, болезнью Паркинсона или вследствие хрупкости костей.

Считается, что больше всего слабоумию, которое – обратите внимание! – никогда не приходит внезапно, а появляется и развивается по накопительному принципу, подвержены люди категоричные, консервативные, чрезмерно принципиальные и необоснованно упертые.

Неумение и нежелание изменить свое решение под влиянием новых трендов, очевидных изменений или неприятие новых знаний серьезно влияет на память и мыслительные способности. Раздражение от непонимания выливается в отторжение действительности, и каждый день эта пропасть между человеком и его окружением только растет.

В общем, перспективы-то безрадостные, если не начать заниматься собой прямо сейчас.

Ведь если подумать, у нас в запасе – половина жизни. И мы молоды ровно настолько, насколько считаем себя молодыми. Эту истину экспериментальным путем в 1979 году доказала еще один американский психиатр Эллен Лангер, автор бестселлера «Против часовой стрелки». Спустя два года после исследования она стала первой женщиной, когда-либо работавшей в области психологии в Гарвардском университете.

В 1976 году Лангер совершила почти революцию в геронтологии, изучая синдром выученной беспомощности – поведенческие реакции ее подопечных пенсионеров доказали, что трепетный уход за людьми престарелого возраста помогает закончить жизнь быстрее, чем некоторые заболевания. Через три года Эллен Лангер разместила группу добровольцев из восьми мужчин 75-летнего возраста в переоборудованном для научных целей нью-хэмпширском монастыре. С одним условием – без связи с внешним миром.

На неделю участников эксперимента окружила обстановка двадцатилетней давности. Предметы быта, одежда, книги и пластинки убеждали в том, что им снова 55 лет! Медицинский персонал тоже соблюдал определенные условия: никаких напоминаний про таблетки или процедуры, никаких предложений о помощи.

После окончания исследований тесты показали, что у большинства добровольцев улучшились осанка, гибкость, мышечная сила, зрение и память. У 63% участников показатели IQ были выше, чем в начале. Но и это еще не всё. Фотографии участников до и после эксперимента оценивали случайные прохожие, которые посчитали, что на снимках «после» мужчины выглядят в среднем на три года моложе.

Может, нам в своей жизни тоже пора провести «эксперимент» – совершить революцию и навсегда вырваться из порочного круга убеждений, что с возрастом приходит конец? Может, если превратить жизнь в непрерывное образование и поиск новых знаний, обучение новым навыкам, у нас получится жить интересно и, главное, самостоятельно? Может, тогда, наконец, мы оставим своих детей в покое, чтобы они, в свою очередь, смогли построить свою жизнь такой, какой она должна быть в их представлении согласно их картине мира?

Пусть мы не повторим загадочную историю *Бенджамина Баттона*, и часы в нашем доме никогда не пойдут вспять. Но мы можем сделать всё, чтобы они напоминали нам лишь о назначенном времени встреч с любимыми людьми. Но не о том, что время нашей жизни утекает бесполезно, как песок сквозь пальцы.

Давайте жить долго и жить активно! У вас уже зреет план?

# ГЛАВА 7
## *Кодекс долголетия*

**В**о время работы над книгой я не раз обращалась к живым историям моих подписчиков и однажды решила выяснить, знакомо ли им понятие «третий возраст», где они планируют жить в это время, чем мечтают заниматься и с какими мыслями в голове.

Я получила очень живой и эмоциональный отклик. Большинство сообщений было о том, что жить в этом возрасте лучше отдельно от детей и желательно где-нибудь в стране с благоприятным климатом и живописным ландшафтом, а еще лучше – на берегу океана, заниматься творчеством, например, писать книги или развивать собственный, пусть и небольшой бизнес (от цветочных магазинов и кафе веганских завтраков в Вене до семейных отелей на Бали).

Больше всего меня порадовали четкий настрой на активность, подтянутое спортивное тело, здоровье и цель сохранить в своей жизни вдохновение, ресурсное состояние, сострадание и любовь – к близким и к жизни. Искренне аплодировала, когда читала: «Не хочу быть свекровью, которая сует свой нос во все дела». Люди хотели путешествовать, уделять внимание семье и заниматься внуками – в свободное от своих интересов время и, главное, проявляли готовность передавать все накопленные знания своему потомству.

Здесь стоит сказать, что в нашей постсоветской культуре, в отличие от развитых стран, где у людей с выходом на пенсию начинается очередной виток активной жизни – они учатся новому, летают по всему миру, до глубокой старости ходят на выставки, в оперу, на ипподром и в бассейн, понятие третьего возраста появляется только сейчас, когда пожилые мужчины и женщины получили возможность распоряжаться освободившимся от ежедневной рутины временем по собственному усмотрению.

Старость в мире нашей ментальности очень разная. Сначала нас никто не учил воспитывать детей, потом никто не учил быть старым.

Кто-то начинает причислять себя к этому поколению, будучи совсем еще полным сил, а кто-то, услышав слово «старость», шарахается как от огня.

У нас отсутствует культура взаимоотношений с этим периодом жизни – в большинстве своем мы не готовимся сами и не готовим своих детей к тому, что старость как некий рубеж жизненной мудрости и опыта неизбежна. Неудивительно, что кто-то сдается и становится беспомощным ребенком, а кто-то «руководит страной» и думает, что делает это безупречно. Нам же сложно и даже порой невыносимо жить в ощущении постоянного страха и полной ответственности за пожилых родителей.


Я не люблю слово «старость», как не любили его и мои родители. Никогда они не говорили вслух о старости ни дома, ни в гостях. Но это не помогло моим папе и маме прожить жизнь так, как планирую прожить ее я или как очень сильно желаю прожить ее вам.

Мои родители «неприятное» слово не произносили, но очень рано сдались и, равно как миллионы их современников, были убеждены, что их долголетие – в головах, карманах и руках моих сестер, брата, в моих руках. В своих судьбах они как будто бежали эстафету и передали нам, родным детям, палочку. Только с палочкой дети всех родителей бегут свою дистанцию, а не продолжают трекинг взрослого поколения.

Не любя слово «старость», я заменила его более гуманным понятием «третий возраст», о нем поведал между лекциями в Москве профессор Сергей Филонович, мой учитель и уже добрый, мудрый старший друг.

Но старость всё же наступает – когда человеку жить становится неинтересно, из повседневного обихода исчезают удивление и любопытство. Именно это состояние – ментальная старость – плохо влияет и на физическое здоровье, на состояние тела. В связи с этим я часто вспоминаю цитату знаменитой американской писательницы, автора романа «Вверх по лестнице, ведущей вниз», педагога Бел Кауфман: **«Нужно жить, даже если это убивает. Нужно** быть любопытным и хотеть всё знать – других людей, искусство, книги. И не думать всё время о себе и о том, что скоро умрешь. Нужно идти вверх по лестнице. Куда бы она ни вела».

Бел Кауфман прожила 103 года, до конца своих дней носила обувь на высоком каблуке и не выходила из дома без макияжа, а в возрасте 100 лет еще читала лекции в одном из колледжей Нью-Йорка.

Вдохновляюще, не так ли?

Впрочем, для меня примеры 96-летней Йоханны Кваас, немецкой гимнастки, побившей рекорд книги Гиннесса как старейшая действующая гимнастка в мире, или дожившей до 100 лет дизайнера и коллекционера Айрис Апфель, умеющей удивлять не только свое ближайшее окружение, но и мировую общественность запоминающимися образами, или 87-летней, признанной всем миром иконы женской красоты и элегантности актрисы Софи Лорен являются не менее ценными маяками и ориентирами в жизни.

Если бы у нас появилась уникальная возможность побеседовать с этими выдающимися персонами двадцатого века лично, мы смогли бы узнать у знаменитых долгожительниц их «кодекс долголетия». И первое, что они сказали бы, что «источник молодости – это ваш ум, ваши таланты, это творчество, которое вы привносите в свою жизнь и в жизни тех, кого любите. Если вы научитесь пользоваться этими источниками, вы действительно сможете растворить возраст в атмосфере своей несомненности».

Еще в юности я обратила внимание на мысль Оскара Уайльда, которую он высказал в своем «Портрете Дориана Грея»: «Трагедия старости не в том, что человек стареет, а в том, что он душой остается молодым». А если душа всегда молода, значит, наша задача – минимизировать этот дисбаланс между внешним и внутренним, между формой и содержанием, чтобы состояние тела соответствовало молодости души.

Да, мы все понимаем, что бессмертие человечеству пока недоступно. Это так же очевидно, как и самая низкая ожидаемая продолжительность жизни без болезней у тех, кто систематически вредит здоровью, злоупотребляя алкоголем и никотином. Мы вроде знаем об этом, но словно стараемся не замечать. Или не думать. А может, и действительно недооцениваем ущерб. Как сказал кто-то из музыкантов в своих мемуарах, старость – это когда ты каждый день пытаешься держать удар, понимая, что никакой победы не будет.

Но я искренне верю, что в наших силах отодвинуть финал на много лет. Главное – следить за своим самочувствием и уметь определять потребности своего организма.

Когда меня спрашивают, что можно сделать для своего здоровья прямо сейчас, я всегда отвечаю: «Может, стоит начать тренировать и правильно кормить тело, тогда, возможно, и ум оживет?»

В одном из недавних своих трудов уважаемый профессор Гарварда Джереми Вольф высказал мысль, что единственный научно доказанный способ профилактики когнитивных способностей – это регулярная и посильная физическая нагрузка. Хотите позаботиться о функционировании своего мозга в старости – занимайтесь разными активностями. Ходите при малейшей возможности! Бросьте вы диваны и кресла! Идите пешком! Шагайте! Танцуйте! Тяните макушку к небу! Носки к горизонту!

А все эти псевдоинтеллектуальные игры – головоломки, шарады и прочие игрушки – вовсе не развивают внимательность, скорость мышления и глубину познания. Их роль сильно переоценена.

«В США в последнее время часто рекламируются видеоигры и приложения, которые якобы помогают увеличить ваши когнитивные возможности и улучшить функции внимания. Многие создатели игр обещают, что вы не будете с возрастом терять память. Однако большая часть свидетельств говорит, что, чем больше вы будете играть в эти видеоигры или разгадывать судоку, тем лучше отточите мастерство лишь в этом», – отмечает гарвардский эксперт в области внимания.

Живой, пытливый ум до конца дней – просто бесценный подарок судьбы. Ум умеет озадачить душу и тело новыми целями. Когда человек знает, для чего живет, он постоянно находится в движении и более счастлив, чем не сумевшие реализовать себя люди. Современные исследования психологического благополучия связывают напрямую чувство цели и счастья со снижением риска смерти. Позитивный взгляд на жизнь может существенно повлиять на продолжительность жизни.

На эту тему, кстати, могу порекомендовать несколько свежих книг (уверена, при желании исследовать тему глубже вы найдете гораздо больше источников, чем в моем списке литературы после эпилога).

Это «Парадокс долголетия. Как оставаться молодым до глубокой старости» американского кардиохирурга, доктора медицинских и юридических наук Стивена Гандри, «Биология веры. Как сила убеждений может изменить ваше тело и разум» американского биолога и известного специалиста по генной инженерии Брюса Липтона, а также «Фокус на жизнь: научный подход к продлению молодости и сохранению здоровья» российского предпринимателя в сфере биотехнологий Андрея Фоменко.

Каждый из трех авторов в своих трудах, основанных на многолетних исследованиях и наблюдениях, объясняет свой взгляд на то, как нездоровые привычки, страх перед смертью и распространенные стереотипы о старении мешают раскрытию нашего по сути своей безграничного потенциала. И цифры возраста в этом вопросе совершенно ни при чем.

Ученые из Университета Огайо (США) установили, что значительную роль в усилении физической немощи играет психологический настрой: если человек формирует в своем сознании собственный образ дряхлого человека, мотивация к физической активности снижается, и начинают прогрессировать нарушения.

По мнению Брюса Липтона, убеждения действительно могут либо мобилизовать силы организма для борьбы с заболеванием, либо подыграть болезни. «Убеждения играют для человека ту же роль, что светофильтры на объективе фотоаппарата, – они изменяют его образ видения мира, – пишет автор. – И биология человека приспосабливается к этим убеждениям».

День за днем думая, например, о том, что старость – это время болезней и что с возрастом мы будем неизбежно дряхлеть, нейроны будут переводить эти мысли на молекулярный язык, согласовывая нашу веру с реальностью и помогая пророчеству осуществляться на биологическом уровне. Поэтому так важно вовремя распознать убеждения, выступающие в роли самоисполняющихся пророчеств, особенно те из них, которые напрямую касаются здоровья и жизни. Не стоит ждать, пока результаты этих установок станут явными, еще больше подкрепляя веру в негативный сценарий. Ищите варианты, новые прочтения, инновации, ноу-хау, способные вдохновить и улучшить качество именно вашей жизни.

В помощь вам и на вооружение позиция известного зарубежного генетика и геронтолога Дэвида Синклера, который уверен, что лучший момент для нашего здоровья и долголетия наступает прямо сейчас и в любой ситуации можно и нужно его найти.

Например, в жизни мало солнца и море еще долго будет недоступно? Отлично! Холодное время года – прекрасная возможность активировать программу увеличения продолжительности жизни, встроенную в наши клетки. Потому что, по версии Синклера, позволять телу немного помёрзнуть – лучший способ продлить себе жизнь. Воздействие на тело менее чем комфортных температур – очень эффективный способ включить гены долголетия.

При этом ученые выяснили, что снижения температуры тела на несколько показателей можно добиться уменьшением потребления пищи и ограничением калорий. Вы знали об этом?

В подробностях с теорией эксперта по борьбе со старением Дэвида Синклера можно ознакомиться в его книге «Жизненный план, или Революционная теория о том, почему мы стареем, и возможно ли этого избежать». Своим последователям генетик напоминает: если вы решите подвергнуть себя холодовой терапии, помните – залогом успеха будет умеренность. Как и в случае с голоданием, полезнее всего приблизиться к краю, но не переступить черту. На мой взгляд, очень верный путь.

И многие будничные рекомендации ученого вполне можно взять за основу нового образа жизни. Например, я поддерживаю позицию, когда определенные биомаркеры крови можно откорректировать не приемом химических препаратов, а с помощью питания или упражнений.

Как и Синклер, я не разогреваю пластик в микроволновке, не подвергаюсь избыточному воздействию ультрафиолета, рентгеновского излучения и компьютерной томографии. Не сокрушаюсь, а, наоборот, радуюсь, если вдруг в течение дня была вынуждена пропустить прием пищи – иногда из-за плотного графика такое может случаться. Не боюсь недоспать и недоесть. Добровольные лишения весьма полезны для воспитания силы воли. Отказ от удовольствия – одно из величайших удовольствий в жизни. Воздержитесь сегодня от кусочка шоколадного торта, и послезавтра, и на воскресном обеде тоже – я гарантирую, вы будете собой гордиться. Если пропуск завтрака или обеда для вас «чересчур», можно максимально уменьшить порции еды. И это тоже послужит на пользу телу и здоровью. Полезно то, что вмещается в одну вашу ладошку.

Много лет я стараюсь поддерживать индекс массы тела в оптимальном для здоровья диапазоне (чем раньше вы, наконец, разберетесь с подходящими для себя принципами правильного питания, тем лучше), регулярно прохожу профилактический осмотр и врачебные исследования, а тренажерный зал давно заменила тренировками на свежем воздухе.

Невозможно утверждать с абсолютной уверенностью, в каком таком числовом эквиваленте выражен мой образ жизни, но, похоже, что в 50 лет я чувствую себя так же здорово (и здорóво), как в 30.

В этом смысле мне вспоминается знаменитая француженка Жанна Кальман, по поводу истинного возраста которой в кругах скептиков и пессимистов никак не утихают споры. Считается, что она, родившаяся в 1875 году, ушла из жизни в 1997-м – то есть в возрасте 122 лет и 165 дней. Журналистам Жанна часто рассказывала, как любит пить красное вино, а за неделю запросто съедает килограмм шоколада. При этом женщина всегда любила спорт, рано вставала, ежедневно занималась гимнастикой, в 85 лет освоила фехтование, в 100-летнем возрасте еще ездила на велосипеде, а на 115-м году жизни снялась в эпизоде фильма о Ван Гоге «Винсент и я».

Так вот. Жанна Кальман говорила: «В жизни я получала удовольствие при любом удобном случае. Мои поступки были моральны, а помыслы чисты, я не сожалела о содеянном. И сейчас я очень счастлива».

Удовольствие от жизни. Самый главный ингредиент долголетия и позитивного взгляда на жизнь. Пожалуй, нам всем стоит сосредоточиться на этой мысли и научиться наслаждаться своей собственной и единственной жизнью так долго, как только возможно.

Я знаю довольно много людей, которые не могут ни дня без мужчины, без женщины, без детей, без компании подруг. Кроме себя самих им постоянно нужен кто-то еще, без этого «дополнения» они чувствуют свою неполноценность, грустят, требуя внимания и заставляя близких испытывать чувство вины из-за невыполненных обязательств. Но ведь это глубочайшее заблуждение, и абсолютно правы китайские философы, когда утверждают: «Пока вам не будет хорошо наедине с собой, никому другому не будет хорошо рядом с вами».

Но как быть тем, кого, возможно, настигли именно сейчас печальные думы от всего прочитанного, кто ослаб, кто болен и одинок, кого обидели или от кого отвернулись дети? И кому придется признаться, что слишком многое упущено?

Давайте я подбодрю вас простым призывом? Несмотря на немощность, апатию и безразличие к жизни, всё равно всегда надо что-то делать. Не можете бегать — ходите, нет сил на быструю ходьбу — ходите медленно, шейте, вяжите, читайте книги внукам, пеките булочки, будьте живительным источником неповторимого аромата горячего хлеба в доме! Тянитесь к детям!

**А теперь вернитесь на 92-ю страницу моей книги, перечитайте и осознайте, как простые слова могут перевернуть вашу жизнь, вернуть**

**в неё переливчатый смех и радость общения с самыми родными существами на земле!**

Обретите новую с ними связь, новую и уже неразрывную.

Да, перед вашими детьми возникнет многозадачность: свои дела, своя семья, теперь еще и заботы о вас, но они непременно справятся со всеми новыми «вызовами» судьбы, потому как зернышко этой обратной связи было заложено фактом вашего родства в тот миг, когда вы стали мамой.

Эта обратная связь естественна. И наладить её – в вашей силе.

Силе любви.

# ГЛАВА 8
## *О самом главном*

Сегодня меня согревает не только новый уровень отношений со старшим сыном. Я радуюсь своему абсолютному освобождению от главного заблуждения, которое много лет подряд уводило меня далеко в сторону от истины.

Признаюсь, я всегда считала себя другой мамой, точно не такой, как все: и в силу своей личной истории и образа мышления, и теплых отношений с родителями, и стиля жизни – когда я щедро раздаю людям знания через свое слово, социальное общение и личный пример. И я всегда была убеждена, что всем моим детям надо благодарить Творца/судьбу/Вселенную за ту удачу, которая выпала им появиться на свет в моем поле жизни. Ежедневно на протяжении многих лет меня одолевало чувство хоть и радости, но все же эгоистичной – мол, видали, какая у вас мама? Цените, дети.

И я ставила себе сплошные одобрительные галочки за то многое, что и правда очень искренне делала для всех своих детей.

Не выпячивая это намеренно и публично, я радовалась каждой родительской высоте и откровенно гордилась достижениями. Осознавала, что в этом своем отношении к детям я неподражаема. Пребывала в уверенности, что безупречным материнством накопила кредит бесконечного возврата – в виде отзывчивости детей на любые мои обращения, в виде присутствия рядом со мной по редчайшему звонку, в виде поддержки моих суждений во всем и везде.

Теперь я радуюсь, что это фанатичное убеждение, а точнее сказать, заблуждение меня покинуло навсегда, и я стала свободной от собственных делюзий, я стала нормальной мамой.

**Нормальная мама в этом новом контексте – есть лучшая версия неругающей мамы.** И от этого чудесного апгрейда выиграли в нашей семье все, особенно младшие дети, ведь теперь у них такая мама, какой я могла и не стать никогда.

Нормальная мама – это про благость. А благость есть то самое наивысшее состояние, достичь которого желательно каждому человеку, и выглядит оно так. Во-первых, я перестала быть «деловой» в близких отношениях. Буквально. Я откладываю выезд из дома по делам и сама кормлю завтраком детей, задерживаюсь без колебаний.

Да, Шарлиз и Дилан уже выросли и почти всё могут делать самостоятельно, но, как любые другие дети, они всегда радуются еще одному лучику тепла и еще одной заботе родителей, хоть всё это для них естественно.

Сегодня я могу часами искать для дочери в интернете варианты школ по ее профилю и интересам. И делаю это легко, ненавязчиво, по зову сердца – не для пометки в ежедневнике (будь они неладны, все эти списки обязанностей и планов). Я продолжаю оставаться для своих детей молодой, активной мамой и близким другом – мы и мяч на улице гоняем, и на тренировки вместе ходим, и открыто обсуждаем самые разные истории, даже на взрослые темы. В своих рутинных научениях, обращениях, назиданиях я стала четче и гораздо, гораздо мягче разъяснять свои позиции, которые, согласитесь, иногда и взрослому не с первого раза понятны.

Уверена, что вы знаете вокруг себя и невольно наблюдаете за жизнью семейных кланов. Чаще всего там – вполне себе приличная картина жизни, экологично, дружелюбно, но согласие с большой мамой или главой-папой прописано на века и нерушимо, как библейские строки. «Папа сказал сделать так». Или «мама так захотела, и точка». В том смысле, что если самые старшие сказали – пусть так и будет. Без вариантов.

Да, всё это выглядит чудненько. Такие формы общения, приторно отдающие ванилью, у кого-то даже вызывают восхищение и завистливый щенячий тихий визг. И это объясняется тем, что в клановости людям нравится безопасность, как таковая. Так сказать, гарантированный железный ресурс. Жуть как я не хотела, чтобы в моей жизни было так же. Категорически.

Но зато я всегда мечтала о том, чтобы дети хотели слышать мое слово по любым вопросам. Знаете, это что-то схожее с властью эксперта, только применимое в обычной жизни. И если в социальных науках это явление принято считать как раз таки показателем здорового мышления и самой лучшей, наивысшей целью профессионала, то в отношениях с детьми оно совершенно недопустимо. Вот где скрывалось то самое ошибочное зерно, которое я сама же однажды посеяла. Ведь власть есть власть. И в семье, где дети – ваши друзья, а вы – их самые близкие люди, разве можно допускать о ней даже мысль?

Лучшее, что мы делаем сегодня друг для друга в нашей большой семье, – продолжаем здоро́во и равновесно общаться, и мы знаем, что это под силу каждому, а, значит, никому из нас за нормальность не нужна «морковка»: похвала или признание. Все перестали бояться ошибиться друг перед другом, а я навсегда распрощалась со своей «уникальностью».

У Ирвина Ялома, профессора психиатрии и психологии Стэнфордского университета, одного из основателей школы экзистенциальной терапии и автора десятка бестселлеров, в книге «Когда Ницше плакал» я обратила внимание на замечательную фразу: «Чтобы вырастить детей, вы должны вырасти сами. Иначе вы будете заводить их от одиночества, под влиянием животных инстинктов или чтобы законопатить дыры в себе».

**Но вырасти самим означает отказаться от того, что прежде на нашем пути было нам очень дорого.** Таков мой вывод сегодня.

Удивительное дело, после выхода книги #МЫНЕРУГАЕМДЕТЕЙ, признанной в 2018 году бестселлером в моей стране, я столкнулась с весьма странным явлением. Люди, знавшие меня много лет, друзья, приятели, с которыми мне нéчего делить, стали как-то не характерно вести себя при встрече, будто хотели побыстрее расстаться. Они словно стеснялись своего родительского несовершенства, выдавая свой трепет за пиетет, не могли скрыть суетливость и неловкость, а кто-то даже откровенный страх быть уличенными мной в их «негуманном» поведении с детьми. Я чувствовала эти вибрации кожей и совершенно точно понимала, что становлюсь заложницей своей книги. Подобное часто происходит с людьми, которые слишком глубоко погружаются в свой образ эксперта или первооткрывателя чего-либо.

Так было с величайшим «продавцом счастья» 20-го века Дейлом Карнеги. Он учил нас с вами завоевывать людей и их расположение, а свою жизнь закончил в одиночестве и нищете. Не лучшая участь постигла и одну из самых популярных красивых дикторов советского телевидения Валентину Леонтьеву, которая убаюкивала миллионы советских малышей, выражая через экран безмерную к ним любовь и нежность, а родному сыну не уделяла внимания годами.

В общем, я стала понимать, что «побочный эффект» моей экспертности проявляется в том, что я теряю людские общения, которые нужны и очень мне дороги.

И как-то раз на очередных дружеских посиделках в близком кругу нескольких семейных и вполне благополучных нормальных пар я вместо привычного тоста сказала слова о том, что никто на свете, кроме них самих, не знает, как лучше и гуманнее растить свое потомство.

Я говорила и словно считывала мысли рядом сидящих людей, которые на самом деле больше всего на свете хотели поступать со своими детьми по-своему, они хотели быть самими собой, быть естественными в ежедневных общениях с детьми. Еще я сказала, что не хочу быть Мишленом, который их оценивает и выставляет звездные баллы за родительские навыки.

И знаете, я почувствовала от наших друзей общую синхронную вибрацию – все в компании словно выдохнули с величайшим чувством облегчения, бросили добрые шутки в мой адрес, и мое тайное «превосходство», статус эксперта, от которого все вечно ждут универсальных ключей, комментариев, одобрения, словно растворился в ауре этого теплого вечера.

Нет, я не призвала ребят к анархии и, конечно, я не предала идею. Просто с того мгновения перестала излучать вовне свое безоговорочное преимущество. Просто взяла и выключила лампочку: даже если это преимущество и есть, зачем мне об этом знать?

Популяризировать гуманное родительство я буду всегда, вот только не хочу быть ничьим судьей и не хочу, чтобы вы любили и понимали родных детей только для соответствия чьим-то убеждениям или потому что кто-то написал полезную и правдивую книгу на эту тему.

Философия #мынеругаемдетей останется ценной на все времена, поскольку фундаментом выступают вечные гуманные понятия, и я, повторяю, по-прежнему останусь с ними. Позвольте только одну ремарку. Раньше моя позиция отличалась однозначностью, граничащей временами даже с жесткостью, и я пользовалась правом выбирать в окружение тех, кто способен меня понимать или слышать. Сегодня я признаю право людей на их собственное понимание вещей и свой к нему путь. Еще одна моя точка роста.

Послушайте, даже если вы ругаете или всё еще обижаете своих детей, я не хочу вас за это судить и воротить от вас нос. Лучше я найду, подберу другие убеждающие слова и более доходчивые интонации, и вы перестанете стесняться и услышите меня, вы окончательно поймете – быть кричащим, ругающим и командующим родителем просто бессмысленно. Я по-прежнему призываю всех вас не ругать детей, как это делаю я, мой муж, и как теперь это искусно делают уже наши старшие дети со своим первенцем.

Давайте теперь о строгости. Вы часто меня спрашиваете о ней.

Что вы вкладываете в понятие «строгость»?

За несколько лет, которые посвятила исследованиям гуманного родительства, я много раз сталкивалась с кейсами, в которых люди, в силу своих заблуждений, путали строгость с нормами и называли строгими просто образованных, знающих, организованных, чувствующих и принципиальных людей. Возможно, вы имели в виду призыв к ответственности, к ответственности за свое потомство и думали про привитие бесценных принципов о совести, о верности слову, про то, что нельзя нарушать договоренности и нужно быть надежным, несмотря на обстоятельства? Так это, скорее, нормальность и порядочность (от слова «порядок»), которые сегодня из-за хаотичности жизни и размытости границ маскируются под строгость.

Если же строгость в вашем доме выражена авторитарностью и догмами – изгоните ее как можно скорее из своей жизни. Убедите семью в бесполезности и пустом семени такой строгости.

И следующий кейс о строгости, которая – норма. Помните, что дети всегда будут чего-то не знать?

Не так давно мы принимали в гостях семью Бексултана в нашем дубайском доме и вечерами подолгу говорили. Ребята признавались в своих новых пониманиях, рассказывали о приходящих опытах, мы обсуждали и январские события, и биржевые состояния, в общем, говорили обо всем. И очередным открытием для них стало мое научение о том, что всегда нужно быть своевременным в отклике на события жизни и, если надо, в оценках тоже. Объектом для дискуссии стала няня нашего малыша Адама, до того скромная женщина, что всю дорогу стеснялась кушать и почти ничего не ела, ссылаясь на привычку есть мало. И вот в какой-то день она почувствовала себя настолько плохо, что нам пришлось вызвать неотложную помощь. Безусловно, мы позаботились о няне, окружили ее теплом, уходом, и уже через несколько часов она пришла в норму.

Можно было не заострять внимания на происходящем, но я с негодованием и отчетливо строго сказала, что отказом от еды человек проявляет псевдокультуру, и что это – самообман. Нельзя не кушать, находясь на работе, нельзя не думать о своей ресурсности, когда ты несешь ответственность за чужое дитя.

В ту же секунду я подумала, что детям может показаться, что я снова влезаю в их зоны жизни и рискую быть непонятой, неуслышанной.

Но, мой Бог, я не могу проходить мимо незнания!

Благодаря этому кейсу ребята поняли два момента. Первый. Не вникать в нюансы, касающиеся кого-то другого, не означает проявлять уважение и соблюдать личные границы. В данном случае речь шла о жизни человека, которому на службе нужны силы, энергия и здоровье. Это вопрос порядка, организации жизни, культуры, охраны труда, если хотите. Не кушать вовремя или кушать плохо означает повышать риск своей нетрудоспособности и ненадежности. И отказ от еды уж точно – не про скромность и воспитанность. Поэтому вникать нужно, а вот проходить мимо заблуждений – нельзя! **Сказать важно сейчас, а не потом, когда всё пройдет, – в этом заключен принцип научения: порождать понимание в момент происходящих событий. И тогда от научения будет толк, полезность и, говоря языком менеджмента, эффективность.** Так крепнет личность. Так выглядит наращивание ее опыта и самообразование. Эмпатия – это ведь не только поглаживание по голове, иногда это – пощечина человеку, в росте и счастье которого ты заинтересован.

До этого случая ребята тоже знали, что проговаривать ситуации можно и нужно, но только когда пройдет накал эмоций, и все участники придут в себя (в данном случае мы очень испугались за здоровье любимой няни). Я же всю жизнь говорю о том, что реагировать на проблему нужно здесь и сейчас. Железо куют, пока оно горячо, и решать насущные вопросы в режиме реального времени – естественно. Завтра или потом может быть поздно, неуместно, неактуально, некстати. И научение не наступит. Повторяю, оно результативно только в момент происходящего события! Вот таким был второй момент, который усвоили мои дорогие и любимые люди.

В истории с няней, учитывая прожитый недавний опыт, было ожидаемо, что я промолчу – из страха нарушить наш новый мир. Но это – в теории, ведь любые страхи – не про меня, да и нечестно было бы по отношению к самим же детям. Поскольку я стала невольным свидетелем ситуации, противоречащей моему разуму, я и озвучила критические комментарии, а вообще-то – ценнейшие знания, мои любимые научения.

Дальше было всё еще чудеснее. Ребята сказали: «Мам, все твои слова не просто уместны, они – справедливы и по факту. Говори нам всё и всегда! Мы больше никогда не станем обижаться!»

И правильно сделают.

Уметь различать, где ругают, а где научают, – сильный, прогрессивный навык, признак зрелости и развивающейся самости.

Ну не бывает в жизни всё на «будьте добры»!

На этот раз и ребята усвоили урок, и я осталась при своих убеждениях, но подобрала другие интонации и слова.

Получилось у нас – получится и у вас.

В одном интервью Дарья Донцова выразила замечательную мысль: «Основная проблема отцов и детей состоит в том, что со временем дети перестают задавать вопросы, но родители всё продолжают и продолжают на них отвечать». Нас вроде бы не просят и не спрашивают мнения, но очень многие почему-то считают вправе высказываться и комментировать, не думая, а что будет потом, для чего, во имя какой великой цели мы произносим те или иные слова.

Незадолго до завершения рукописи я получила личное сообщение. Одна из моих подписчиц спросила, права ли она в ситуации, когда возмутилась по поводу подарка, преподнесенного ее сыну новой знакомой просто так, без повода. Парню 18 лет, а его девушке – 16. Причиной материнского возмущения стал айфон последней модели. Дорогой презент.

Я ответила, что, во-первых, никогда не берусь судить, и даже судья в идеале изначально опирается на нормы закона, а уж потом на свои внутренние убеждения. Во-вторых, парню исполнилось 18 лет, а это значит, что с момента наступления совершеннолетия каждый человек обретает право на самоидентификацию, право руководствоваться только собственными решениями, право вообще не принимать во внимание ничье мнение. Зачем ссориться с сыном? Зачем усложнять своими руками совместное существование? А что будет дальше? Как планируете взаимодействовать после ссоры? Прикажете вернуть телефон дарительнице? Или посоветуете в следующий раз ответить девочке чем-то равноценным?

Очень важно понимать – что будет потом? И в чем конструктив от негативных эмоций, реакций, вопросов и таких вот влезаний? Молодые люди сами разберутся, и не только в вопросе вниманий, несомненно, и во всех других. А вот «советы» давайте, пожалуйста, только по запросу. И лучше – в виде подсказок и навигаций, чтобы тренировать в подросших детях навык принимать решения с личной ответственностью.

Жизненно важный, базовый навык.

Вы никогда не задумывались о том, что считать себя уникальной личностью, первооткрывателем чего-либо или трендсеттером очень разрушительно, и что в той же самой отрицательной парадигме это влияет на жизни других людей? На первый взгляд, в осознании собственной ценности нет ничего дурного, и даже кажется, что это стимулирует твое окружение быть лучше. Помните Миранду Пристли в фильме «Дьявол носит Prada»? Есть только два мнения: ее и неправильное. Но именно перфекционизм и полное отрицание компромиссов делают эту леди непревзойденным профессионалом своего дела, требующим совершенства от всех своих сотрудников. И, несмотря на весь гротеск, миллионы людей, как заметил один из героев этой комедийной драмы, хотели бы оказаться на месте младшей ассистентки Энди Сакс – быть рядом с живой легендой для многих видится очень притягательным и завораживающим.

Учитывая большой успех книги #МЫНЕРУГАЕМДЕТЕЙ, и я не могла не соблазниться собственной ценностью и ролью инноватора, драйвера в аспекте гуманного родительства – люди действительно ко мне прислушивались, как делать и как не делать. Я искренне была убеждена, что позиция «слушайте и не говорите, что не слышали» – правильная.

И вот однажды я записала интервью с Владимиром Познером для авторского проекта «Честная жизнь». Поделившись новостью с московским профессором во время очередной поездки на учебу, я услышала в ответ следующее: «Не люблю Познера». Пока собиралась с мыслями для уточняющего вопроса, профессор пояснил: «Он знает, что он – Познер, и тем неинтересен».

В ту же секунду я поняла, что получила универсальный ключ для работы с природой величия и для наблюдений, каким образом оно взаимодействует с личностью. Очень скоро стало понятно, что в мире есть люди другой породы. Тоже выдающиеся, но способные удовлетворяться не осознанием своего величия, своего участия в каком-то открытии и масштаба значимости — научной, исторической, социальной, профессиональной. **Великие в своем постоянстве, они просто продолжают делать свое дело, продолжают его любить, любить всех, кого выбрали и о ком хотят заботиться.** И, что еще очень примечательно, эмпатами они являются на самом деле, а не косят под них. Это и выдающийся композитор Родион Щедрин, и ученый-эколог Валерий Петросян, и известный писатель Борис Акунин, и выдающийся казахстанский финансист Даулет Сембаев...

Мои сегодняшние ценности и убеждения достигли той желаемой абсолютной синхронности с ценностями и убеждениями этих чутких людей.

Для меня тоже чрезвычайно важно, с какими мыслями я буду открывать глаза по утрам в следующие 50 лет, с какими ощущениями проживать новый день и какой энергией делиться с близкими, что я принесу нашему миру, освободившись из плена собственных чарующих иллюзий.

# Напутствие

Даже самый неопытный доктор подтвердит факт, что любое исцеление приходит через боль, обострение и удаление всего, что инородно.

Въевшееся в наше сознание, залитое цементом в голову и, по сути, жутко удобное понимание многих житейских вещей, смирение с ними – на самом деле и есть то инородное, что сокращает фазу активной жизни, истощает, испепеляет нашу волю и отравляет тело ядом.

Но нам ничего не стоит рушить и менять дрянную часть привычек, норм и стереотипов, хотя бы в своем мире, где живут любимая семья, верные друзья, клевые коллеги. Где в первую очередь есть мы. Где мы есть у самих себя.

**И потому, пройдя свою личную трансформацию от «самой неругающей», понимающей и чуткой мамы к нормальной, я не имела морального права не поделиться с вами всем, что со мной произошло.**

Я не могла не завершить так безупречно сложенную оду о гуманном родительстве и о том, как и в самом деле не ругать детей, не рассказав об откровенных побочных его эффектах и о том, что это – сложнейший трудоемкий и бесконечный путь, порой схожий с обречением на неистовые муки, если, конечно, любовь так и не стала вашим естественным состоянием, когда бессознательно отдаешь больше и ничего не берешь взамен.

Я сейчас не про аскезу, не про жертвенность, а про нормальное, зрелое понимание того, каким может быть присутствие на Земле, данные природой или приобретенные ваши личные ресурсы, без всяких поисков смыслов, стигматизаций, миссий и целей. Последнее, несомненно, нужно, но это больше относится к социальности и заполнению графика жизни, а в моей парадигме – уже не больше, чем развлечение.

И как раз в перерывах между вот таким социо-общением хорошо бы наполнить жизнь процессами, когда всё, чем бы вы ни были заняты, влекло вас больше и страстнее, даже если это гончарный круг и руки ваши в глине. Это и есть то самое пульсирующее в виске понимание и долгая-долгая жизнь.

Из живущих на свете долгожителей больше многих я восхищаюсь композитором Александром Зацепиным. В этом году легенде исполнится 96 лет, а он по сей день засиживается в студии, пишет музыку, зависает над аранжировками, дает интервью, летает по всему миру на творческие вечера и общается с кругом друзей в мессенджерах. Спросите у мэтра, в чем секрет? В успехе? Возможно. В признании? И этот вариант подходит. А может, все-таки любящие дети? Несомненно! Но! Самое главное, Александр Сергеевич каждый день, недели, месяцы и все эти годы жил ту самую свою (!) жизнь. Занимался любимым делом, по-честному дружил, бесконечно творил, не начинал жизнь по понедельникам – по субботам тоже жил, умел сказать «нет», если так чувствовал, не расходовал время на то, что было ему неинтересно, не воспитывал детей, чтобы было на кого опереться в преклонном возрасте, не просился к ним на чай (он же всю дорогу был занят) и никогда не произносил ничего подобного, типа «годы уже не те».

Для Зацепина все его годы – те.

И в этой всем известной истории знаменитого композитора нет ничего невозможного для каждого из нас.

Болезни, невзгоды, апатия и поражения обожают всех, кто рано складывает оружие, кто ленив душой, кто хитренько ожидает пенсию и – помните? – гарантированную заботу. Кто мнит из себя больного.

И точно наоборот: болезни не наступают, если они не нужны человеку, бедность не представляет собой угрозу, если ее не бояться, апатия не настигает, если она не выгодна нам ни при одном обстоятельстве.

Наш жизненный цикл не закончится по биологическому календарю или в связи с финансовыми достижениями детей. Финансы детей – это символы их стараний и реализаций, не думая о них, уверяю, каждый день нашего существования на Земле будет осыпан благами и приятными, удивительными заботами от наших чад, потому что потомки не смогут поступать иначе, потому что любовь – она такая, сыплет из рога изобилия, и ее, как мы знаем, никогда не бывает много. Любовь переплетена с инстинктом заботиться, это – в человеческой природе. Любовь наших детей проявится и в баночке с вареньем, и в новой оправе, и в утреннем телефонном звонке, и в коллекции пластинок, и в неожиданной поездке на трюфельную охоту, и в бокале благородного бордо под треск в камине, и в спонтанном: «Пап, мам, есть что-нибудь на ужин? Так хочется вкусненького, хотим к вам...»

Разве не это эликсир бессмертия? Подзарядное устройство?

Конечно, это! Только это – не дети, это – мы сами.

Мы и есть свой источник и свой проводник всей своей жизни. Что проживаю и ощущаю каждой клеткой сейчас я. А ведь могла бы и дальше истязать себя воспоминаниями о материнской безупречности, шизоидно награждать себя медалями за героические «отдавания», подвывала бы ночами в подушку, тихо умирая.

Но, слава Вселенной, мой мозг и мое сердце вовремя переключились на нормальную частоту. Возможно, совсем не зря незадолго до описываемых событий мне в сети попался дивный текст, авторство которого, если я правильно запомнила, принадлежит писательнице Ирине Говорухе. Идеальная синхронизация с моими собственными мыслями. Привожу текст здесь без сокращений. Возможно, что вы еще не читали его:

«Наши дети нам не принадлежат. Они пришли пообедать, выпить несколько цистерн молока, сносить сто пар обуви, расколотить не один сервиз, вырасти из штанов, обзавестись бородой, дорасти до бюстгальтера, баса, совершеннолетия. Научить нас фотошопу и общению в Telegram. Шить костюмы короля австрийского. Печь печенье «Губка Боб». Держать слово и сдерживать крик. Соблюдать спокойствие и дистанцию. Ладить с мужем, свекровью и котом. Убедившись, что уроки выучены назубок, они уходят, а мы остаемся.

Поседевшие, повзрослевшие, осиротевшие.

Конечно, наследники еще не единожды забегут на чай, поздравить маму с именинами, а папу с Днем отца, но не останутся навсегда. Вот почему опасно растворяться в них без остатка. Закрывать с их помощью брешь в отношениях с мужем. Заполнять подгузниками или «домами талантов» собственные пустоты. Рожать, чтобы наконец-то отдохнуть от опостылевшей работы и побыть в декрете.

Бесспорно, дети — важнейшая часть жизни, но не вся жизнь, поэтому параллельно должны идти получение второго высшего, открытие цветочного бутика, путешествия по Африке и исследования влияния Луны на живые организмы.

Однажды, будучи беременной, увидела странный сон. Передо мной сидела моя дочка и говорила примерно следующее: «Не срастайся со мной, ибо всё равно оторвусь. Я выбрала твое тело, чтобы войти в мир, а вас, как пару, чтобы получить базу и старт. В свою очередь обязуюсь помочь подняться над собой. Над суетой. Над землей».

Жестко? Возможно. Зато честно.

Индийская мудрость гласит: «Ребенок – гость в твоем доме. Накорми, выучи и отпусти». Кроме того, он самый крутой учитель и спутник, а не раб, должник или крепостной, и не обязан иметь наши параметры и стандарты, думать нашими мыслями. Учиться в угодных университетах, выходить замуж в белом и вообще выходить замуж.

Ребенок приходит, чтобы идти своей дорогой, и задача родителей – не навязать ему собственные перроны, билеты и пути».

Друзья, нет никаких закономерностей про долг и его возврат через луну, сто евро и новый телевизор. Забудьте про них. Лучше оставайтесь занятыми, увлекайтесь, читайте добрые книги, общайтесь с сильными людьми, не бойтесь их, не бегите от них. До последних своих дней научайтесь и перенимайте у таких людей лучшие проявления сострадания и до последних своих дней предлагайте разным людям свою помощь. Нет ничего благостнее, чем быть полезным.

В этом ощущении и таится наше бессмертие.

Помните, что есть ВЫ и ВАША длинная счастливая дорога.

А за детей не переживайте, когда сынок упадет и ушибется, он встанет и сам все поправит, ведь вы вовремя дали ему свое научение.

Сынок или доченька. Ваши дети. Потомки.

# Танго в одиночку невозможно...

**В** любых отношениях двух людей всегда присутствует бесконечный цикл фидбэка и коррективов. Отношения родителей и детей – не исключение. Пожалуй, напротив – они являются важнейшими для благоустройства внутреннего мира. И уже с благоустройством внутри мы действуем в реальности более эффективно: находим друзей и «правильных» любимых партнеров. Не говоря уже о том, что просто чувствуем себя более счастливо.

Баланс – это простая и одновременно сложная вещь для практического понимания. С одной стороны, мы все стремимся к балансу, с другой – его всегда крайне сложно поймать. В своей сути баланс не является статичным, и переменные всегда изменчивы. Наверняка каждый родитель прилагает большие усилия в отношениях с детьми, много думает, точно проводит через себя и точно что-то делает. И каждый в этом процессе видит некую правильность отношений по-своему: на одном спектре полная авторитарность родителя, на другом – полная анархия ребенка, и всё, что посередине, – разные степени этих двух состояний. А чрезмерные состояния чего угодно всегда потенциально опасны, потому, на мой взгляд, оптимальность находится посередине, но поймать середину сложно, да люди чаще всего не хотят с этим возиться.

Мои отношения с мамой на протяжении всей жизни мне всегда нравились.

Я рос в благоприятной среде и более чем благодарен за всё, что для меня делали. Нас действительно никогда не ругали, с нами всегда дружили. Описывать эти отношения здесь не хватит места, да и уведет от темы.

В нашей связи был лишь один камень преткновения, и взрослея, я начал это осознавать.

Став отцом и обратив внимание на подобные ситуации у друзей и других людей из ближнего и дальнего кругов общения, я понял, что почти все без исключения так или иначе имеют подобные камни.

В своей сути, такой вот камень не давал нам с мамой полноценной дружбы, и мы оба понимали, что факт нашего родства и того, как мы всегда понимали друг друга, может «претендовать» только на такую дружбу. Лично я очень хотел, чтобы отношения с мамой были именно такими. Попытки разговоров с обеих сторон не приносили удовлетворения, мы оба упирались в непонимание.

В итоге все скульминировалось в долгий период молчания, каждый из нас удалился в свои углы, а жизнь... Она шла вперед.

И мама, и я многое поняли за это время. Предыдущие провозглашенные концепции правильного и неправильного растворились.

И появились новые.

Когда пыль осела, моя мама пришла. И это не был просто первый шаг с просьбами сторон о прощении. Это был Рубикон нашей истории, синхронное взросление нас обоих. Я почувствовал, что отношения наши точно станут такими, как задумано свыше.

Сегодня этого камня больше нет, а вместо него – дружба, тепло, любовь и понимание.

Во многом получилось поймать столь важное оптимальное состояние между уважением к родителю и уважением к сыну. Мы сохраняем этот баланс и сможем, если надо, перебалансировать, но точно знаю, что сделать это всем нам будет гораздо легче, чем раньше.

Камни у всех разные, уникальные и своеобразные, с множеством нюансов и деталей. Однако принцип своевременного фидбэка в общих чертах универсален. У кого-то не слышат родители, а у кого-то дети, у третьих – и те и те. Но если обе стороны искренне захотят понять друг друга, полюбить выбор кого и чего угодно, то отношения не могут не стать лучше.

И обязательно нужна смелость предлагать родителям свои коррективы, идеи, мысли и проявлять убедительную готовность принимать решения без их участия.

Будучи отцом, я руководствуюсь именно этим принципом и надеюсь, что мои дети разделят этот принцип, ибо невозможно станцевать танго в одиночку.

*Бексултан Нургали*

# СПИСОК ЛИТЕРАТУРЫ

1. **Апфель Айрис.** Икона по воле случая.

2. **Вербург Крис.** Кодекс долголетия. Что заставляет нас стареть, зачем это нужно и как «обмануть» эволюцию: пошаговое руководство.

3. **Гандри Стивен.** Парадокс долголетия. Как оставаться молодым до глубокой старости.

4. **Гибсон Линдси К.** Взрослые дети эмоционально незрелых родителей. Как научиться ценить себя и наладить отношения с родителями.

5. **Гибсон Линдси К.** Свобода быть собой. Как исцелиться от последствий взросления рядом с эмоционально незрелыми людьми и обрести независимость.

6. **Гиппенрейтер Юлия.** Общаться с ребенком. Как?

7. **Гиффорд Билл.** Стареть не обязательно! Будь вечно молодым (или сделай для этого все возможное).

8. **Граттон Линда, Скотт Эндрю.** Эпоха долголетия. Активная и счастливая жизнь в любом возрасте.

9. **Иландро Джозеф А.** Когда родители стареют. Психологическое и практическое руководство.

## ДЛЯ ЗАМЕТОК

## ДАНА ОРМАНБАЕВА

доктор делового администрирования, журналист, академик Академии журналистики РК, соучредитель Казахстанского Медиа-Альянса, продюсер, публицист, общественный деятель.

### Автор книг:

- «Откровение счастливого менеджера, или 20 лет к звездам» (2012);

- «Инструкции эффективного менеджера, или как стать хозяйкой своей жизни» (2014);

- «Ключи от кейса: casebook трилогии менеджера» (2016);

- #МЫНЕРУГАЕМДЕТЕЙ и #ДанáМенБала (2018),

а также научной монографии «Методы построения доверия в организации» (2018).

**ДАНА ОРМАНБАЕВА**

*Ты не ушибся, сынок?*

**Проектная группа:**

**Автор** Дана Орманбаева

**Редактор** Елена Врачевская

**Корректоры:** Ирина Королева, Ляззат Сералина

**Художник** Марат Кумеков

**Дизайн обложки** Данияр Жангубеков

**Стилист** Асель Сатуова

**Фотограф** Maha Smagulov

**Координатор** Максат Абдикаримов

**Дизайн и верстка** Гульвира Джаббарова

**Маркетинг и PR** DPARTNERS

**Генеральный продюсер проекта** Даут Шайхисламов